光彩课堂实践探索

武新颖　李雪冬　著

成都时代出版社
CHENGDU TIMES PRESS

图书在版编目（CIP）数据

光彩课堂实践探索 / 武新颖 , 李雪冬著 .-- 成都：
成都时代出版社 , 2024.1

ISBN 978-7-5464-3251-9

Ⅰ . ①光 ... Ⅱ . ①武 ... ②李 ... Ⅲ . ①课堂教学 – 教
学研究 – 小学 Ⅳ . ① G622.421

中国国家版本馆 CIP 数据核字 (2023) 第 096364 号

光彩课堂实践探索
GUANGCAI KETANG SHIJIAN TANSUO

武新颖 李雪冬 ／ 著

出 品 人　达　海
责任编辑　樊思岐
责任校对　李　航
责任印制　黄　鑫　陈淑雨
装帧设计　新梦渡

出版发行　成都时代出版社
电　　话　（028）86785923（编辑部）
　　　　　（028）86615250（发行部）
印　　刷　武汉鑫佳捷印务有限公司
规　　格　210mm×285mm
印　　张　10
字　　数　250 千
版　　次　2024 年 1 月第 1 版
印　　次　2024 年 1 月第 1 次印刷
书　　号　ISBN 978-7-5464-3251-9
定　　价　88.00 元

周口店中心校是房山区一所农村中心校，1953年建校，一校六址办学，包括周口店中心小学、新街民族小学、黄山店小学、长沟峪小学、瓦井小学、娄子水小学，其中，黄山店小学是一所山区寄宿制小学。全校共54个教学班，137名教职工，1455名学生。2015年，基于对学校现状的思考和对学校发展历史的理解，我们秉承"让每一位同学都灿烂起来"的理念，形成了灿烂童年教育文化。几年来，学校不断挖掘灿烂童年教育的内涵，系统设计灿烂童年教育的实践路径，形成了迎春花课程、光彩课堂、灿烂好教师、明亮管理、灿烂少年、灿烂教育共同体、灿烂校园七大实践路径。其中，光彩课堂是学校聚焦课堂主渠道、不断提高教育教学质量的实践探索。

2021年7月，中共中央办公厅、国务院办公厅印发了《关于进一步减轻义务教育阶段学生作业负担和校外培训负担的意见》，简称"双减"。"双减"政策实施以来，我们更清楚地认识到课堂是学校减负提质的主阵地，一定要牢牢抓住课堂，不断实践探索，提高课堂教学效益，才能落实党和国家减轻学生负担的要求。

本书记述了我们学校从现有问题出发，不断进行课堂教学改进的实践探索。我们研究总结出了光彩课堂的内涵和教学策略，得出了学校追求的光彩课堂和学会学习素养之间的关系，探索出了"四有三精"的课堂要素。本书通过鲜活的案例、论文、作业，呈现了我们的课堂追求——让每一位同学都绽放光彩。

武新颖

2022年4月

目 录

第一章　基于教学改进的光彩课堂实践探索

武新颖

课堂是教育教学的主阵地，也是提高教师自我效能感的主阵地。北京市房山区周口店中心校基于自我评价和外部评价的结果，发现课堂教学是提升学校教育质量的关键。于是，学校立足校情，聚焦课堂、研究课堂，进行了"光彩课堂"教学探索，提出了"四有三精"的课堂教学构想，研究"光彩课堂"教学策略，用"光彩课堂"教学模式引领教师不断提升专业水平。

第一节　"光彩课堂"的建设背景

一、政策背景

2019年出台的《中共中央国务院关于深化教育教学改革全面提高义务教育质量的意见》中明确提出，要"强化课堂主阵地作用，切实提高课堂教学质量"。"优化教学方式。坚持教学相长，注重启发式、互动式、探究式教学——引导学生主动思考、积极提问、自主探究"。实践中，如何引导教师优化教学方式，通过教学方式的优化使课堂教学质量得以提升呢？我们在带领教师反复研究的基础上，形成了"光彩课堂"的要素，带领老师从课堂的教学策略入手，研究如何培养学生的核心素养。

二、学校校情

北京市房山区周口店中心校是房山区一所农村中心校，一校六址办学，现有学生1455名、教师137名。学校于2015年形成了灿烂童年教育文化，把培养言信行果、心明眼亮的灿烂少年作为育人目标。课堂是育人目标达成的主阵地，"光彩课堂"是灿烂童年教育文化背景下学校对课堂教学实践不断探索的结果。

三、课堂问题

"光彩课堂"的建设源于学校课堂存在的主要问题：

一是课堂教学理念和教学行为脱节。学校致力于实现让每一个学生绽放光彩的课堂，提倡课堂要给每一位同学成长和出彩的机会。但在现实中，学生学得不快乐、不出彩，也没有让每一个同学都体会到成功的愉悦。课堂中理念与行为脱节的现象大量存在。

二是学生在课堂学习上自主性不够。课堂上被动听讲多、被动作业多，主动积极投入学习、自主研究少。教师讲得多、课堂上占用时间多。学生不感兴趣，课堂效率较低。

在这样的现状下，以问题为导向，针对课堂问题精准发力，是学校的当务之急。

第二节 "光彩课堂"的内涵与要素

经过反复研磨，我们学校将"光彩课堂"的内涵确定为：是让每一个学生绽放光彩的课堂，是给每一个学生成长和出彩机会的课堂，是帮助每一个孩子爱上学习、主动学习的课堂，是能让孩子在学习中体会到互助的快乐、成功喜悦的课堂。光彩课堂的内涵凝练为四个核心词：乐学、主动、互助、成功。

但在实践中我们发现，教师们对"光彩课堂"说起来头头是道，做起来却没有实效。在理念与实践之间，教师需要"脚手架"的支撑。于是，我们经过反复研磨，提炼出"光彩课堂"的基本要素为"四有三精"。四有：有恰当的情境创设，有突出重点、难点的学习活动，有自主学习、小组合作学习、展示学习等多种学习方式，有及时有效的课堂评价。三精：教师精心设计单元教学和课时教案、精准整合资源、精炼课堂语言。三精是四有的基础。精心设计单元和课时备课是上好课的前提。精准整合资源体现了我们对于现有教材、教参等资源的认识，在课标引领下，忠于教材但不死板地照搬教材，能够促进学生有效学习的资源都可以拿来为我所用。精炼语言是针对我们存在的问题而提出，是对老师行为的提示，提示老师退下来，给孩子们学习的时空。"四有"要素帮助教师搭建了课堂的基本骨架。

"四有三精"课堂要素与"光彩"课堂的关系图

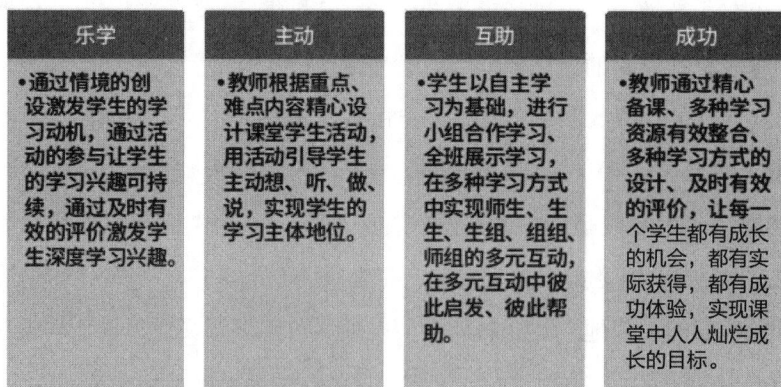

乐学	主动	互助	成功
•通过情境的创设激发学生的学习动机，通过活动的参与让学生的学习兴趣可持续，通过及时有效的评价激发学生深度学习兴趣。	•教师根据重点、难点内容精心设计课堂学生活动，用活动引导学生主动想、听、做、说，实现学生的学习主体地位。	•学生以自主学习为基础，进行小组合作学习、全班展示学习，在多种学习方式中实现师生、生生、生组、组组、师组的多元互动，在多元互动中彼此启发、彼此帮助。	•教师通过精心备课、多种学习资源有效整合、多种学习方式的设计、及时有效的评价，让每一个学生都有成长的机会，都有实际获得，都有成功体验，实现课堂中人人灿烂成长的目标。

我们用"四有三精"的课堂要素搭建了"光彩课堂"的理念与课堂实践之间的"脚手架"。但光有要素还不够，我们又在此基础上继续研究要素之下的具体教学策略。

第三节　"光彩课堂"的教学策略

"四有三精"如何在具体的课堂中落实呢？我们研究"情境创设、学习活动设计、课堂多种学习方式、课堂评价"这四个要素的具体教学策略，获得了以下研究成果。

一、创设课堂情境策略，促进学生乐于学习，发现问题

创设课堂情境就是在课堂中把知识实际应用的情境呈现出来，让学生在具体情境中发现问题、思考问题。这一策略，能够让学生发现知识的价值、激发学习兴趣、乐于学习知识，并在情境中培养发现问题的能力，把学和用结合起来。

研究中发现，在上课时创设恰当的情境，能够促进学生很快从课间的游戏状态进入学习状态，好的情境能培养学生发现问题的能力。实践中，我们探索出了几种情境，这些情境让学生一下子投入课堂学习，对学习和探索抱有热情，从而乐于学习。

（一）创设生活情境，感悟知识价值

在教学《比的意义》时，教师在课前准备了两大杯蜜水，让学生品尝，课上，问学生喝到两个大杯里的蜜水有什么不同，学生在发现甜度不同后，教师追问"为什么甜度不同"，让学生在生活情境中感受蜜与水的质量比决定了蜜水甜度，在生活情境中巧妙认识了"比"，感悟到"比"在生活中的价值。在《小数加减法》一课的学习中，老师给学生呈现了购物的生活情境："星期天，小明去书店，看上了两本书，他带了20元钱，够不够？"屏幕呈现了两本书价格的照片，让孩子们从常见的生活中体会学习小数加减法的意义。

（二）创设游戏情境，适应儿童天性

在三年级美术课《走进颐和园》中，课堂伊始，教师呈现了挑战赛的游戏情境，让孩子和电脑比赛，挑战成功，方可"入园"。在五年级道德与法治学科《建立良好的公共秩序》课堂上，教师设计了"比比哪组快"的游戏情境，先把孩子们分成小组，让各小组每个同学尝试拉出在窄口瓶中拴着线的乒乓球，从一起拉乒乓球就挤在出口出不来和有序拉乒乓球顺利拉出的体验中，孩子们感受良好秩序的重要性。这样的游戏情境很好调动了学生的兴趣。

（三）创设问题情境，激发探索愿望

数学课标中把学生发现问题、提出问题、分析问题、解决问题作为目标之一，所以从问题情境引入是数学教学常用的方法。例如，在四年级学习《平移和旋转》内容时，教师呈现了一个小猴子吃桃子的情境，提出了小猴子怎样移动才能吃到桃子的问题，孩子开始观察方格纸上的小猴子和桃子的位置，在问题的引导下饶有兴趣地开始了学习。

（四）创设故事情境，促进儿童融入

在五年级课文《景阳冈》的学习中，教师一上课就呈现了武松打虎的图片，然后用评书般的语

言讲述了武松打虎的故事背景，孩子们在引人入胜的故事中眼睛闪光，迫不及待地投入《景阳冈》文章的阅读。在六年级"道德与法治"《科技发展 造福人类》一课中，教师以哥白尼与日心说的故事引入，引起了孩子们对将要学习内容的兴趣。

研究中，我们除了发现了创设以上几种情境对学生乐于学习的作用，还发现了好的情境具有以下特征：一是瞄准目标；二是基于学生的生活；三是时间不宜长，以"短平快"的节奏进入；四是内容体现国家最新发展、科技进步。

二、设计适当的学习活动，在学习中学会管理时间，获取信息

这里所说的学习活动是指教师设计的，学生在课堂上的动手做、观察、讨论、思考等，学习活动是学生学习知识的主要过程。

（一）活动设计瞄准课堂目标，突破重点难点

活动设计为目标的达成服务，所以，在设计活动前，要清晰目标，准确地把握课堂学习的重难点，把重点和难点问题化。总体看，学习活动设计要经过目标分析—重难点确定—问题转化—学生分析—设计活动几个环节。

（二）活动设计关注全体，给每个孩子参与的机会

学习活动在设计时要关注全体学生，让每个孩子有参与的机会，给每个孩子搭建成长的空间。例如：在学习《确定位置》时，教师设计了这样的任务：

任务一：自由创作，表示××同学的位置。

任务二：尝试在方格图中表示位置。

要求：你能在学习单的背面用"数对"表示自己的位置吗？写完的同学和你的前后左右的同学对比观察一下，你有什么发现？

这两个任务让每个学生都参与学习，教师设计了任务单，学生在认真完成任务单的过程中理解了知识，增长了能力。

（三）活动设计有层次性，给孩子搭建思维发展的脚手架

学习活动设计一般要分为几步，用问题贯穿，问题难度递进，引导学生通过自主学习、质疑、思考、讨论，形成对核心问题的理解，找到解决问题的方法，从而使思维得到发展。

（四）活动设计注意趣味性，持续激发孩子学习的内驱力

基于小学生的年龄特点，课堂学习活动的设计要在考虑知识习得、能力培养的同时兼顾趣味性，类似游戏的学习活动是学生喜闻乐见的。同时，眼、耳、口、手、脑多种感官并用的活动让学生更有兴趣，尤其是动手操作的活动，学生都会很感兴趣。

（五）活动设计关注时间，每个环节要注重时间投入。

小学的常态课为40分钟一节课，教师在设计活动时要注重时间的投入。尤其是动手操作的活动，往往出现"一动手，就完不成教学任务"的现象。所以在设计活动时要精细，活动一共多长时间，完成后什么东西怎么放，都要清清楚楚，以保证在有限的时间内完成活动，达到学习效果。

（六）活动实施中形成良好的师生关系，能给学生友好支撑

和谐的师生关系能给学生的学习提供支撑，教师作为学习活动的设计者，在活动中要对学生抱有支持、接纳的态度，无论学生在活动中呈现的是不是教师预设的结果，教师都要接纳学生并支持学生的探索。一句鼓励的话语、一个肯定的眼神、一个竖起大拇指的手势，都会让孩子们小小的心灵充满继续探索的勇气。

概括起来，学习活动要针对教学重难点设计，要给每一个学生参与的机会，活动要设计好时间，使学生在活动中提升获取信息的能力，学会管理自己的时间。

三、运用多种学习组织形式，在学习中学会合作交流

自学、合作学习、展示学习是不同的学习组织形式，自学是学生个体根据目标的读书、练习、思考。合作学习是为了完成学习目标，组成学习小组，组员间分工合作共同完成任务的学习。展示学习是在课堂上通过发言、作品展示等方式的学习。展示中，学生需要把隐性知识显性化，从而进一步建构知识提高能力。课堂中，到底用自学、合作学习还是展示学习，取决于学习内容和孩子的年龄特点。

（一）关于小组合作学习

我们在具体的实践中发现，小组讨论看起来热闹，实质上无效的现象大量存在，孩子们虽然从形式上聚在一起，但真正的学习并没有发生，往往是一个成绩优秀的学生告诉大家自己的想法，其他同学成为听众或者看客。要使小组学习有效需注意以下几个方面：

1. 自学是小组讨论的基础。小组讨论要在自主思考的基础上进行，学生自己对一个问题有了见解或者困惑，才能和伙伴产生交流的火花。

2. 好的问题是讨论是否有效的核心。这个问题牵扯到课堂问题设计的有效性。需要讨论的问题或者是重点、难点问题，或者是有多种解决方法的问题，对于简单的问题和离教学目标远的问题最好不用讨论的方式。

3. 小组合作学习要在分组上有设计，一般异质分组能够达到"兵教兵"的效果，但要避免本就学习困难的学生成为小组学习的看客。

（二）形成多元互动

无论是自学、小组合作学习还是全班展示学习，学生在学习后的交流是阐述观点、彼此启发的重要阶段。此时，教师要努力打破师生单项互动，在班内形成生生、组组、师生的多向互动，让学生在彼此质疑、交流中产生思维的碰撞，形成思维的发展。

四、多元评价，在学习中学会评价反思

多元评价是指学习评价主体多元化、内容多维化、方法多样化。评价伴随着学习发生，多元评价能够帮助学生学会自我评价与反思。

（一）教师评价，给学生以引导

在每一个学习环节，根据学生反映出来的不同情况，教师要给予及时评价。当孩子遇到问题、卡壳的时候，用启发式语言鼓励学生再想一想。当孩子兴趣消退时，给予激励性评价，给他们自信，

让他们继续保持积极的学习状态。当孩子解决问题出错时，给予积极的评价，帮助他们重新建立自信。

（二）设计评价工具单，帮助学生自主评价学习效果

教师根据学生学习的进程设计出工具单，帮助学生在自主学习以后评价学习效果，检验自己是否学会。如：语文学科可以设计预习评价单，帮助学生检验预习效果；数学学科可以设计问题解决评价单，帮助学生检验知识点是否掌握，类似问题是否可以独立解决。评价工具单不但能检验学习效果，也可以帮助学生形成评价反思能力。

（三）自评与互评

生生互评，相互学习。除了教师的及时评价和工具单评价，生生互评也是培养学生评价能力的直接方式。比如，对同学的朗读是否有感情、写字是否端正进行评价，能够让孩子们发现别人的优点，从而相互学习。每节课的最后，教师会留出两分钟左右的时间让学生自己对本节课的学习进行自我评价与反思——学会了哪些知识，增长了哪些小本领，有了什么新认识，等等，学生自评的过程就是评价反思能力提升的过程。

评价反思伴随着整个学习过程发生，教师可以通过语言、肢体等进行及时性评价，还要根据学生的学习进程设计不同的学习评价单，帮助学生检验自己的学习效果。除了课堂评价，学校可以设计评价体系，把课堂评价作为学生评价的一个组成部分，促进学生评价反思意识和能力的达成。

小结，我们通过对"光彩课堂"教学策略的研究与实践，实现了"四有三精"要素的落地，使课堂具有了乐学、主动、互助、成功的内涵，课堂朝着让每一个同学绽放光彩的目标不断靠近。

第四节 "光彩课堂"的实践效果与展望

经过多年实践，"光彩课堂"建设已经取得了一定成效。一是教师在课堂教学中按照"光彩课堂"的要素和教学策略设计课堂教法、学法，教与学更加得法，教师在研究与实践中自我效能感明显提升；二是学生的自主学习能力得到了提升，绝大部分学生在学会学习方面有进步，包括会预习、会交流、会合作、会评价。三是课堂教学质量有了一定提升。看到效果的同时，我们也意识到"光彩课堂"的实施还存在一些问题，所有的问题都指向教师的专业能力，所以，我们还要在教师专业能力的培养和提升上下大力气，要通过多种途径，让教师在课堂实践中提升专业水平和能力。

学校是帮助人成长的地方，课堂是教师和学生共同成长的主时空，我们通过对"光彩课堂"的研究与实践，不断促进师生共同发展。

第二章 光彩课堂教学案例

第一节 语文学科

基本信息			
姓名	杨玉红	学校	北京市房山区周口店中心校
学科	语文	年级	三年级
教科书版本及章节		部编版三上第四单元	
课题		胡萝卜先生的长胡子	

教学内容与分析

教学内容：

本单元是阅读策略单元，围绕"预测"这一阅读策略进行编排。单元中的3篇课文作为一个整体，对"预测"这一阅读策略的学习有层次，有梯度。

《胡萝卜先生的长胡子》是很有趣的童话故事，情节曲折，引人入胜，循环往复的结构给学生的预测提供了很好的依据。本文主要是练习运用预测策略，让学生预测接下来的情节，体会预测是有依据的，并能够及时修正自己的想法，继续完成后面情节的预测，留给学生更多的预测空间。

在学习时可以感受文中情感的美好，胡萝卜先生在无意中为需要绳子的人们（动物）提供了的帮助，让孩子们在预测时也反复地说他一定会帮助他的，我想这也是这篇故事留给孩子们的又一处美好。

教学目标

教学目标：

1. 认识"萝、卜"等5个生字。

2. 能一边读一边预测故事的内容，初步感受边读边预测的好处和乐趣；能根据故事的实际内容修正自己的想法。

3. 能尝试根据文章或书的题目预测故事的主要内容，通过预测故事产生继续阅读的兴趣。

重点：能一边读一边预测故事的内容，初步感受边读边预测的好处和乐趣；能根据故事的实际内容修正自己的想法。

难点：能一边读一边预测故事的内容，并能续编故事情节发展。

教学活动

教师活动	学生活动
一、复习导入，初次预测 （一）复习导入 1. 从《总也倒不了的老屋》这篇童话故事中，你学会了哪些预测故事情节的方法？ 2. 总结预测故事情节的方法。 3. 今天我们就用上这些方法，开启奇妙又好玩的阅读之旅吧！	说一说。 预测故事情节的方法：文章的题目、插图、内容中的一些线索，都可以帮助我们预测。

【设计意图】引导学生回忆前一篇课文学到的预测课文情节的方法，并结合课题进行预测。为今天的"练习运用预测"做好了铺垫。

（二）根据题目预测

1. 读课题，猜猜故事会讲什么。

2. 预测后，交流。

二、初读课文，检查预习情况

1. 出示生字，指名读，说说你是怎样记住它的？

2. 拉火车领读词语。

发愁 浓密 近视 沾到 继续 街口 风筝 牢固 晾晒 尿布 飘动 胡萝卜 匆匆忙忙

3. 指名分自然段读课文，教师相机指点。

【设计意图】引导学生说出自己识字的方法，关注学生自主识字能力的培养。同时也养成自主预习的好习惯。

三、自主学习，交流方法

（一）引导运用，做好铺垫

1. 课文的导语你注意到了吗？指名读。

2. 请你默读故事，一边读一边想：接下来可能会发生什么事情？在引发你预测的地方做记号，并且说出"为什么这么预测"。

【设计意图】本课是一篇略读课文，主要是用来"练兵"的。在前一课中学习的"预测"策略方法，在这一课中要让学生放手去尝试。在这之前，了解本课的学习任务就十分重要。

（二）预测交流

1. 老师引导学生根据课文中的细节进行预测。如果你在同样的地方也预测了，请你及时补充。

2. 交流汇报。

小结：抓住文章的重点词，结合生活经验和常识进行分析、想象，对故事进行有理有据的预测，预测要有依据。

【设计意图】自主预测，与同学交流，教师实施引导，在这样的实践活动之中，提高能力。

（三）预测结尾，交流反馈

1. 继续预测：胡萝卜先生遇到鸟太太以后，又会发生什么故事呢？

2. 结合前面的故事与生活经验和生活常识，合理预测，续编故事：胡萝卜先生还可能遇到谁呢？又会发生什么故事呢？

【设计意图】尝试预测故事后面的情节发展，引导学生发现已有情节的共同之处，将自己预测的情节说清楚。

四、出示原文，修正预测

（一）阅读原文，验证预测。

1. 出示绘本图片

2. 指名读结尾

3. 引导学生说说：你的预测和故事原文里写的有哪些相同和不同的地方？为什么作者要这样写？哪些地方出乎你的意料？哪些地方给了你意外的惊喜又让你觉得在意料之中？

（二）当预测与故事的实际内容有些不一样时，该怎么办？

（结合课后习题1）

【设计意图】出示《胡萝卜先生的长胡子》绘本的后半部分，用绘本激起孩子更多的阅读兴趣，并在阅读中比对自己的预测，及时修正。

读题目，预测是一个怎样的故事？

1. 读出示生字，说说自己的识字方法。

2. 拉火车领读词语。

读课文。

1. 读课文的导语。

2. 默读故事，一边读一边想：接下来可能会发生什么事情？并且说出"为什么这么预测"。

3. 自读课文，完成预测。

1. 根据课文中的细节进行预测。

2. 交流汇报，能有依据地进行预测，并及时给同学做补充。

（交流汇报时，运用pad的抢答功能；在同学们汇报、讲依据的时候，出示插图，使用放大的功能，引导学生观察）

合理预测，续编故事。
交流汇报。

1. 学生用pad阅读绘本。

2. 指名读故事的结尾。

3. 交流：你的预测和故事原文里写的有哪些相同和不同的地方？为什么作者要这样写？哪些地方出乎你的意料？哪些地方给了你意外的惊喜又让你觉得在意料之中？

四、拓展延伸，读题预测 （一）读读下面文章或书的题目，猜猜可能写了什么。 　　出示：《躲猫猫大王》《夏洛的网》《帽子的秘密》《柔软的阳光》《团圆》《小灵通漫游未来》 （二）验证预测，激发阅读兴趣。 　　出示故事书封面，学生验证自己的预测是否正确，如果不一样，猜猜作者为什么要这样写。 （三）鼓励学生阅读以上故事，一边读一边预测，体验阅读的快乐。 　　【设计意图】鼓励学生大胆预测，激发他们阅读这些文章或书的兴趣。	4. 重点说说：修正了哪些想法，谈谈对故事的理解。 学生有多种预测，只要有一定的依据就可以。 学生验证自己的预测是否正确，如果不一样，猜猜作者为什么要这样写。

板书设计

胡萝卜先生的长胡子

胡子变长了　{ 小男孩放风筝　鸟太太晒尿布绳子……　…… }　助人为乐

预测有依据

教学反思

　　1. 备课时关注了单元重点，运用多种方法学习预测。本单元属于阅读策略单元，让学生在学习中掌握预测的方法和能力是本单元学习的重中之重。因而在备课时我就注意到了这点，在三篇文章的学习过程中，每篇文章都有不同的训练侧重点，使学生真正掌握这一能力。

　　2. 重视学生学习过程中的语文实践。整堂课有很多次学生的实践活动，有利于学生素养的养成。生字学习主要采用自主识字，小组交流的方式，使学生在交流之中，不断提升识字能力。在学习预测时，引领学生自主思考，放手让孩子们进行预测。积极鼓励他们，预测无对错，只有细心和认真思考。将时间交给学生，鼓励他们独立探究预测，在练习预测情节和结尾的过程中，发现已知文本和插图等内容中已经给了大量的线索，抓住这些线索才能准确预测。同时，这样的实践也为后面的口语交际和习作打下坚实的基础，给孩子更多拓展实践的机会。

　　3. 运用插图，使课堂充满童趣。学生们喜欢各种各样的图片，也喜欢听故事，更乐于讲故事。他们喜欢扮演故事中的角色，也喜欢绘声绘色地将自己的想法表达出来。在教学中我充分使用课文中的插图，引领着孩子们追寻着故事的发展，也体会着文中人物的心情，在这样的借助图片阅读之中，也很顺利地进行预测的学习。在学习后，还根据需要，补充了一些绘本、童话故事的阅读，使学生的预测能力得到有效的提升。

基本信息			
姓名	吕欣	学校	北京市房山区周口店中心小学
学科	语文	年级	六年级
教科书版本及章节		部编版六上第四单元	
课题		桥	

教学内容与分析
教学内容： 　　《桥》一课是作家谈歌写的一篇小小说。小说塑造了一位普通的老共产党员的光辉形象。黎明时，洪水肆虐，村民们惊慌失措，村里的党支部书记用自己沉稳、果决的指挥，将村民们送上跨越死亡的生命桥。他不徇私情，把生的希望让给别人，把死的危险留给自己，用自己的血肉之躯筑起了一座不朽的桥梁。小说赞扬了以老支书为代表的优秀共产党员，在危难时刻无私无畏、不徇私情、英勇献身的崇高精神。教学中围绕小说写了一位怎样的老支书来进行，聚焦人物的动作、语言和神态描写，深入品读老支书在当时环境下的情感与想法，让人物形象丰满立体起来。

教学目标
教学目标： 　　1. 通过品读描写人物动作、语言、神态的句子，关联环境，感受老支书的人物形象。 　　2. 能初步体会环境描写对表现人物形象的作用。 　　3. 有感情地朗读课文，能理解文中的短句。
重点：通过品读描写人物动作、语言、神态的句子，关联环境，感受老支书的人物形象。 难点：能初步体会环境描写对表现人物形象的作用。

教学活动	
教师活动	学生活动
一、回顾内容 （一）回忆文章主要内容 1. 浏览课文，回忆小说讲了一件什么事。 **二、透视老汉，深入感悟** 阅读提示： 　　默读课文，思考这篇小说写了一位怎样的老支书？找出写老支书动作、语言、神态的句子，结合相关情节，在旁边做简单批注。 （一）品读"组织撤离"，感悟党员形象 重点感悟镜头：组织撤离 　　1. 通过抓住"他像一座山""冷冷地"等重点词句，推想老汉的心声，感受老支书的人物形象。 　　2. 师生联系环境、群众的表现以及老汉的神态动作语言走进人物内心，感悟表达的特点。 　　3. 有感情地朗读。 （二）品读"被水吞没"，感悟父亲形象 　　1. 分享批注，联系环境、群众的表现以及老汉的神态动作语言，感受浓浓的父爱。 　　2. 解决疑问：前面老汉揪出儿子，这里为什么又推儿子？ 　　3. 关注情节的发展，环境的变化，推想从这"一揪一推"中老汉的内心，感受到了什么？ （三）品读"前来祭奠"，升华人物形象 　　1. 走近人物，激情对话老汉的内心世界，体会情节设计的巧妙。 　　2. 品读结尾，有感情地朗读。 **三、联系结尾，品"桥"之魂** （一）再度释"桥"，领悟深意 回看题目，小说以"桥"命题，有着什么样的含义？ （二）总结学法，推荐阅读。	预设：黎明时，一个山村山洪暴发，老支书冒着生命危险指挥村民有秩序地过桥，最后自己和儿子却被洪水卷走了，几天后一位老太太来祭奠死去的亲人。 　　预设：我从"木桥前，没腿深的水里，站着他们的党支部书记，那个全村人都拥戴的老汉"，看出老汉很早就来到木桥前，并没有急于逃生。 　　预设："老汉凶得像只豹子"，小说把生气的老汉比作豹子，我体会到老汉不徇私情、无所畏惧的品质。 　　预设：我从"推"这个动作感受到在那么危急的情况下，老汉把生的希望留给了儿子，体现出父爱如山！

板书设计
桥 动作语言神态 结合相关情节 关联环境描写
教学反思
本单元是小说单元，语文要素是"读小说，关注情节、环境，感受人物形象"。教学时，我以"老汉是一个怎样的人"这个问题贯穿整个教学过程，在学生充分朗读课文的基础上，引导学生关联相关情节，分析人物的语言、动作、神态和环境描写。课文老支书的形象塑造得非常丰满，学生从人物动作、语言、神态描写来读懂人物的品质并不难，但是难点在于学生容易将人物平面化，所以在本课的教学时，我把学生的直觉认知"他是个什么样的人"，拉长成为学生的知觉过程，让学生真正走进人物内心，由老汉的动作、神态、语言进一步推想老汉的心声，去深刻理解老汉同时作为老支书和父亲在生死抉择面前的心理，并与之产生共鸣，真正走进老汉的内心世界，让人物形象丰满立体起来。 　　本节课课文的环境描写对情节的发展有推动作用，人物形象也在环境变化中逐渐彰显出人性的光辉。本单元的学习旨在引导学生初步感受和了解小说的基本特点，习得小说阅读的基本方法。在本课的教学中，我结合具体文本，通过梳理情节，留心环境描写，感受人物形象。如，提示学生结合当时环境描写——洪水"放肆地舔着人们的腰"和"木桥开始发抖，开始痛苦地呻吟"思考老汉是一个怎样的人，理解环境描写营造出危急的形势，从而衬托出老汉沉着无畏、不徇私情的英雄形象。 　　在深入文本的基础上，让学生讨论交流对结尾的感受，通过比较，理解作者前面层层铺垫，第一是党性，要求我们必须让人民群众先行，这是党性排在第一位。第二是道义，父子俩要以身作则，儿子是党员，要带头把生的希望留给别人。第三是亲情，在亲情之中，老汉最关注的当然是儿子，唯独没有关注自己，教学中，要推出一个新生的过程，最后自然老汉的形象就能立体起来。文章在最后揭示二人关系，是为了在收尾处形成强烈的情感冲击，让读者在震撼中再度体悟英雄的崇高境界。本节课尾声让学生探究为何小说以"桥"命题，引导学生理解"桥"具有象征意义：是把党员和群众紧密联系在一起的感情纽带，是危难时刻老支书为群众抢得生机的希望之桥，是老支书和儿子忠于职守、舍己为人的生命之桥。

参考文献：

吕欣：语文教学设计《桥》参考了《空中课堂资源》。

基本信息			
姓名	刘向英	学校	北京市房山区周口店中心校 娄子水小学
学科	语文	年级	一年级
教科书版本及章节		部编版第二册19课	
课题		棉花姑娘	

教学内容与分析
教学内容：《棉花姑娘》一文是一篇充满童真童趣的童话故事。课文通过棉花姑娘请求燕子、啄木鸟等动物医生给自己治病的故事，告诉我们燕子、啄木鸟、青蛙和七星瓢虫分别吃什么害虫的科学常识。课文寓生物常识于生动形象的故事之中，语言符合儿童特点，童趣易懂，对学生了解科学知识有较强的启发作用。同时，四幅插图色彩明丽，形象生动，便于学生观察，有助于学生对课文内容的理解。学习了本文，能让学生对科学常识产生浓厚的兴趣，激发学生留心观察、探索和发现身边的科学常识的欲望。树立起保护益虫和益鸟的意识。

教学目标
教学目标： 1. 朗读课文，读出祈使句请求的语气，理解文中角色的对话。 2. 通过比较，初步体会"碧绿碧绿的、雪白雪白的"表达效果，并进行拓展说话。 3. 了解不同的动物能消灭不同害虫的科学常识。
重点：朗读课文，读出祈使句请求的语气，理解文中角色的对话。了解不同的动物能消灭不同害虫的科学常识。 难点：通过比较，初步体会"碧绿碧绿的、雪白雪白的"表达效果，并进行拓展说话。

教学活动	
教师活动	学生活动
活动一、认读生字，复习导入 1. pad推送本课生字和词语。 2. 复习笔顺：病、奇、医。 3. 指名认读生词，选择喜欢的词语说一句话。 　惊奇 碧绿碧绿 雪白雪白 4. pad推送课文，要求读得正确、流利。 5. 指名读课文（基础差的学生）。 **活动二：朗读感悟，理解课文。** （一）问题入手，整体感知。 读第一自然段。 出示第一幅插图：多可怜的棉花姑娘啊！ 1. 指导读描写棉花姑娘心理的话。 2. 在句意不变的情况下，你能把"盼望"换成另一个词语吗？ 3. 你们也有过最盼望的事吧，谁能用"盼望"说一句话呢？ （二）图文结合，角色朗读。 请同学们自由朗读第2—5自然段，用横线画出棉花姑娘请了哪几位医生帮忙治病，最后又是谁帮她治好了病呢？ 1. 哪些医生来给棉花姑娘治病了？读一读课文第2—4自然段，指名回答。 语言训练：引导学生用"棉花姑娘请_____、_____、_____来给她治病"的句式练习说话。 2. 通过pad推送：简介燕子、啄木鸟和青蛙及其对人类的贡献。 3. 指导朗读棉花姑娘和燕子的对话，分角色朗读。 4. 小组合作练习，分角色朗读棉花姑娘和啄木鸟、青蛙的对话。 5. 教师情景导读对话。	1. 点击pad，跟随录音读字词，pad推送"病、医、奇"的笔顺。学生主动书空笔顺。 2. 选择喜欢的词语说一句话。 3. 学生点击pad，跟随录音读文。 1. 学生自由读第一自然段，回答棉花姑娘得了什么病。点击pad观察图片，认识蚜虫。 2. 试着读句子。 学生用企盼的语气读出棉花姑娘盼望有医生来给她治病的迫切心情。 学生自由朗读第2—5自然段，用横线画出棉花姑娘请了哪几位医生帮忙治病？思考问题。 学生点击pad了解燕子，啄木鸟、青蛙的捕虫方式以及对人类的贡献。

6. 燕子走了，啄木鸟走了，青蛙也走了。来了这么多医生，都治不好我的病，看来我的病是治不好了……	朗读棉花姑娘和燕子的对话，分角色朗读。
7. 指导朗读棉花姑娘和七星瓢虫的对话。	小组合作练习，分角色朗读棉花姑娘和啄木鸟、青蛙的对话。
8. 齐读最后一个自然段。	展示分角色朗读。通过pad点击你喜欢的角色。
课件出示：	
①朗读两组短语。	
碧绿的叶子——碧绿碧绿的叶子	学生朗读，比较表达效果。
雪白的棉花　　雪白雪白的棉花	
②比较一下，上面的词语，前面和后面的那个词语表达的效果更好一些?	
（后面的部分，在比较中感受到后面的表达显得更"绿"更"白"更美）	
③把后面的两组短语放在句子中读读看。	想象，回答。积累词语。
④课件出示小草、浪花等图片，结合课后第三题，说说还有"碧绿碧绿的"什么，"雪白雪白的"什么。	
⑤像"碧绿碧绿"类似的词语，你还知道哪些?	
如，火红火红的太阳、火红火红的朝霞，金黄金黄的稻田、金黄金黄的落叶。	
活动四、课堂总结，合作表演	
1. pad推送练习课后连一连，说一说。	
2. 以小组为单位推选朗读好的同学，戴头饰进行角色表演。	学生通过pad完成练习，反馈改正。
3. 小结:其实，在我们的日常生活中，还有很多的益虫益鸟，它们是自然界中不可缺少的组成部分，是我们人类的好朋友，我们要好好地爱护它们!	

板书设计

棉花姑娘

燕子　　啄木鸟　　青蛙　　七星瓢虫

↓　　　↓　　　↓　　　↓

飞虫　　树虫　　田里害虫　　蚜虫

教学反思

1. 重点复习"病、医、奇"的书写笔顺，学会正确的书写生字。使学生从小养成良好的写字习惯。

2. 课文里的角色较多，在学习课文的环节中，可采用多种朗读形式，帮助学生理解课文。

3. 在本课中，学生对"棉花、蚜虫、七星瓢虫"比较陌生，如果运用pad向学生介绍棉花的用处和蚜虫、七星瓢虫的知识，不仅拓宽了他们的视野，也为学生理解课文打下了基础。

基本信息			
姓名	闫立华	学校	北京市房山区周口店中心校长沟峪小学
学科	语文	年级	五年级
教科书版本及章节		部编版五下第七单元	
课题		威尼斯的小艇	

教学内容与分析

教学内容：

这篇课文以小艇为载体，为我们展示了威尼斯这座水上名城特有的风光。课文从作者美国作家马克·吐温的所见所感入手，首先交代了小艇是威尼斯的主要交通工具，接着介绍了小艇独特的构造特点，然后讲了船夫的高超驾驶技术，最后详细介绍了小艇与人们的日常生活息息相关。抓住事物特点并把人的活动同景物、风情结合起来进行描写，是本文表达上的主要特点。本单元的语文要素是体会静态描写和动态描写的表达效果，五年级上册教材已经引导学生初步体会课文中的静态描写和动态描写，因此，围绕这一语文要素，本篇课文继续引导学生通过文中的静态描写和动态描写体会景物的独特魅力，感受小艇在人们的工作和生活中的重要作用，引导学生运用静态描写和动态描写进行表达。

教学目标

教学目标：

1. 有感情地朗读课文。

2. 学习第5、第6自然段，体会文中静态描写和动态描写的表达效果，理解这部分内容与"小艇成了主要的交通工具"之间的关系。

3. 能比较课文和"阅读链接"，了解它们在表达上的相似之处。

重点： 探究课文第5至第6自然段，体会文中静态描写和动态描写的表达效果，感受威尼斯魅力与风情。

教学活动

教师活动	学生活动
（一）复习引入： 1. 读读本课词语： 威尼斯 小艇 操纵 自如 船艄 垫子 窗帘 保姆 祷告 雇佣 簇拥 码头 笼罩 2. 让学生回忆课文围绕小艇写了哪几个方面的内容。 （二）学习课文第5、第6自然段 1. 主讲教师出示阅读思考：默读课文第5、第6自然段，体会哪些地方让人感受到动态美或静态美，找出有关语句画下来，谈谈你的感受。 2. 输入端教师组织学生阅读思考、交流。 3. 配合输出端教师班级展示交流：选择不同水平层次的同学来回答，或者有代表性的答案来展示。 （1）动的感觉:第5自然段。 ①让学生用笔圈一圈：作者写了哪些人？他们分别在干什么？ ②引导学生思考：为什么每一句话中都写到了小艇？ ③继续启发学生思考：这里的动态描写让你感受到什么？ ④请你发挥想象，除了文中提到的这些人，还会有哪些人的生活也离不开小艇？ （2）动的感觉：一大群人拥出来，走上了各自雇好的小艇。簇拥在一起的小艇一会儿就散开了，消失在弯曲的河道中，远处传来一片哗笑和告别的声音。 ①引导学生思考：这里的动态描写让你感受到什么？ ②点拨：小艇动，人们也动。从白天到夜晚，小艇都与人们的工作和休闲密不可分，可见小艇是威尼斯主要的交通工具。这部分内容与文章的中心是紧密联系的。	齐读主讲老师出示的词语，注意读音是否准确。 配合主讲老师，指名学生来回答，注意声音洪亮，有条理。 自己默读课文，画出有关语句，批注自己的感受。之后小组交流。 小组交流之后，指派一个小组的同学汇报自己的成果，其他同学来补充或提出不同的意见。 预设：因为威尼斯是水上城市，人们的这些活动都离不开小艇。 预设：这里的动态描写表现出众多小艇灵活穿梭在河道中的情景，生趣盎然，让我们感受到小艇带给威尼斯的活力。 围绕主讲老师提出的问题各抒己见。 对刚才展示的不同意见进行总结，得出结论。感受到戏院散场后的热闹、繁华。

（3）静的感觉：水面上渐渐沉寂，只见月亮的影子在水中摇晃。高大的石头建筑耸立在河边，古老的桥梁横在水上，大大小小的船都停泊在码头上。静寂笼罩着这座水上城市，古老的威尼斯又沉沉地入睡了。

①引导学生思考：这一段静态描写让你有种怎样的感受？

②小结：在威尼斯，艇动了，整座城就热闹了，艇停了，整座城就寂静了。威尼斯就是这样，日复一日，年复一年，度过了漫长的岁月。

③指导朗读：出示夜晚的水城画面，让学生观察月亮、建筑、桥梁、船只的特点，读出它们与水相映相倚的静态美。

3．有感情地朗读第5、第6自然段，读出动静之美。

4．小结：艇动、艇歇，这一静一动的描写衬托出小艇在人们的工作和生活中的重要作用。无论是威尼斯的动态美还是静态美，都与"小艇成了主要的交通工具"有紧密的联系。

（设计意图：在体会威尼斯的静态美和动态美时，不仅要让学生判别动态描写和静态描写，还要结合第5、6自然段的具体内容，理解其与小艇是"主要的交通工具"之间的联系）

（三）总结全文，拓展阅读

1．让学生借助板书说说小艇为什么是"主要的交通工具"。

（学生发言有可能说得不全面，有可能没按顺序说，也有可能表达得不清楚，要尽量兼顾不同层次的学生，注重补充发言和总结性的发言）

2．阅读课后"阅读链接"，思考：在介绍威尼斯时，三位作家在表达上有什么相似之处？

（1）边读边圈画出这两个片段和课文共同写到的内容。

（2）独立完成下面的表格。

文章	游览途经地	景物的动态美与静态美	作者的感受
《威尼斯的小艇》			
《威尼斯》			
《威尼斯之夜》			

（3）小组讨论交流。

（4）展示汇报：

①说说《威尼斯》中作者的途经地，文中的静态描写和动态描写及作者的感受。

②说说《威尼斯之夜》中作者的途经地，文中的静态描写和动态描写及作者的感受。

③总结发言：课文和"阅读链接"中的两个片段都是按照一定的游览顺序写的，都写了小艇，都有静态描写和动态描写，都表达了对威尼斯的独特感受。

④和输出端班级交流意见。

预设：感受到夜晚的威尼斯十分安宁、静谧，就像一幅绝美的画。

跟随主讲老师的描绘，闭上眼睛，静静地听，体会夜幕下的威尼斯的安静。

概括、体会：小艇的"动"带动了威尼斯的热闹、繁华。而小艇的"静"，也显示出威尼斯水城的沉寂，衬托出小艇在人们的工作和生活中的重要作用。

总结，发表意见。

预设：如，威尼斯河道纵横，小艇独特的造型，使它能灵活便捷地行驶。坐在小艇里，有无数的情趣，船夫的驾驶技术也十分高超。在威尼斯，无论白天还是夜晚，人们的活动都离不开小艇，所以小艇成了威尼斯主要的交通工具。

读课后链接，与课文内容比较交流，总结。

预设：课文和"阅读链接"中的两个片段都是按照一定的游览顺序写的，都写了小艇，都有静态描写和动态描写，都表达了对威尼斯的独特感受。

板书设计

威尼斯的小艇

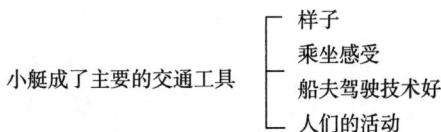

小艇成了主要的交通工具
┌ 样子
├ 乘坐感受
├ 船夫驾驶技术好
└ 人们的活动

教学反思

《威尼斯的小艇》这篇课文是围绕本单元"世界各地"这一主题编排的，展现了水城威尼斯独特的城市风光，相信学习完这篇课文以后，同学们会对世界著名水上城市威尼斯的风土人情有了清晰的了解。在学习课文当中，通过对文中"静态描写"和"动态描写"语句的品读，进一步引导学生体会其表达效果，落实了本单元的语文要素，进一步感受了静态描写和动态描写所体现出的景物的独特魅力，为学生的习作表达打下了基础。

第二节　数学学科

<table>
<tr><td colspan="4" align="center">基本信息</td></tr>
<tr><td>姓名</td><td>王平</td><td>学校</td><td>北京市房山区房山区周口店小学</td></tr>
<tr><td>学科</td><td>数学</td><td>年级</td><td>六年级</td></tr>
<tr><td colspan="2">教科书版本及章节</td><td colspan="2">北京版11册第六章</td></tr>
<tr><td colspan="2">课题</td><td colspan="2">扇形统计图</td></tr>
</table>

教学目标

教学目标：

1. 认识扇形统计图，了解扇形统计图的特点，能读懂扇形统计图中的数据信息。

2. 在具体情境中，经历提出问题、收集数据、整理数据、分析数据、解决问题的过程，体会扇形统计图在数据分析中的价值，发展数据分析观念。

3. 了解统计在实际生活中的地位和作用。

重点：认识扇形统计图，能读懂扇形统计图中数据的信息，体会扇形统计图在数据分析中的价值。

难点：从扇形统计图中获取有效信息。

教学活动

教师活动	学生活动
一、导入： 　　学校要为六年级每个班购买一批新书，购买什么类型的图书要根据同学们喜欢读的书来决定，购买新书前要解决什么问题呢？ **二、解决问题** 1. 解决两个问题： （1）讨论：六年级1班的同学喜欢读什么书？ （2）每类图书分别购买多少本？ 　　2. 小结：先收集数据，在调查的基础上对数据进行整理和描述，更直观地了解同学们喜欢读什么类型的图书。	1. 了解同学们喜欢读什么书？ 2. 每类图书分别购买多少本？ 交流： （1）了解同学们都喜欢什么书，对这些书进行分类，并知道每一类图书分别有多少学生喜欢。 （2）知道喜欢哪类图书的人最多，喜欢哪类图书的人数最少。 ①设计调查问卷，收集数据： 你最喜欢的图书种类是（　　） ①科普读物②中外名著③通话故事④动漫故事⑤其他 ②整理数据 科普读物|中外名著|童话故事|动漫故事|其他 正正丁|正一|正正正|正|丁 ③描述数据 预设1： 六年级(1)班 同学喜欢读的图书情况统计表 2012年4月 图书种类|科普读物|中外名著|童话故事|动漫故事|其他 喜欢读的人数|12|6|15|5|2

7. 总结回顾：

解决了"每类图书分别购进多少本"的问题，回头想一想：我们是怎样解决这个问题的？

三、巩固练习：

读下面的信息，思考并解决问题。

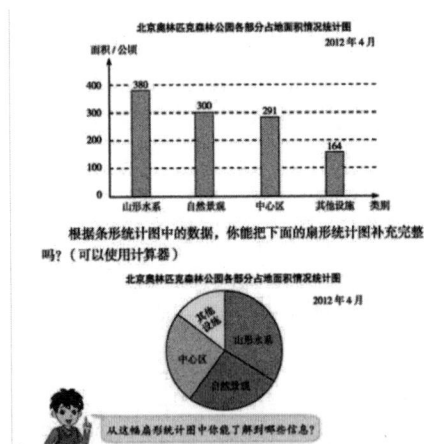

北京奥林匹克森林公园各部分占地面积情况统计图
2012 年 4 月

根据条形统计图中的数据，你能把下面的扇形统计图补充完整吗？（可以使用计算器）

北京奥林匹克森林公园各部分占地面积情况统计图
2012 年 4 月

从这幅扇形统计图中你能了解到哪些信息？

四：谈收获。提问：学到这里，你有哪些收获呢？

预设：

提出问题 → 收集数据 → 整理数据 → 描述数据 → 分析数据 → 解决问题

预设：

总面积：380+300+291+164＝1135（公顷）	
山形水系：380÷1135≈33.5%	
自然景观：300÷1135≈26.4%	
中心区：291÷1135≈25.6%	
其他设施：164÷1135≈14.4%	

从这个扇形统计图中我发现：北京奥林匹克森林公园中山形水系占地面积最大，占总面积的33.5%，其他设施占地面积最小，占总面积的14.4%；

中心区的占地面积和自然景观的占地面积相差不多，中心区占地面积和自然景观占地面积合起来大概占总面积的52%。扇形统计图不仅能看出部分与整体的关系，还能看出部分与部分的关系呢！

预设：扇形统计图由圆、扇形、百分数三部分组成，圆表示整体，扇形表示部分，百分数表示部分占整体的百分之几。

扇形统计图能清楚地看出部分与整体的关系，条形统计图能看出各个项目数量的多少。

用统计知识解决问题，一般要经历提出问题、收集数据、整理数据、描述数据、分析数据、解决问题的过程。

板书设计

扇形统计图

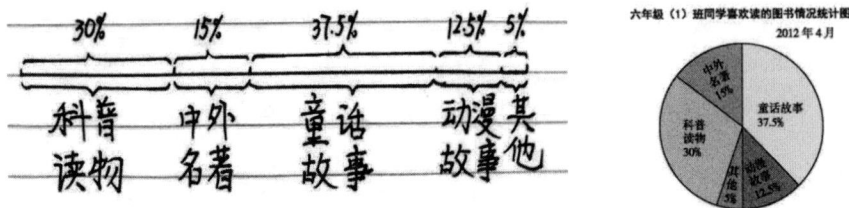

部分与整体的关系，部分与部分的关系。

教学反思

本节课教学情境的选取非常适合学生思考，教学过程关注到学生已有知识基础，即"统计表、条形统计图"，并利用知识的迁移发现问题，已有知识解决不了现在的问题，进而产生思考。在一个大问题的统领下，学生开始研究解决问题的策略，在多种解决方式中优化最佳方案。

在学生研究问题过程中，教师引导适宜，带领学生产生生生间的交流互动，学生在具体情境中，展开真学习、真思考、真研究，最后解决问题。

让学生在真情境中利用"统计"的知识解决问题的整个过程，即：提出问题、收集数据、整理数据、描述数据、分析数据、解决问题。为以后学生解决统计类问题打下良好基础。

本课还存在很多不足，例如：对于"扇形统计图"这一部分内容在小学阶段"统计"这个领域的教学价值是什么、在这里要培养的学科素养如何有效达成、如何激起生间的有效对话等。

不足就是课堂教学研究的新起点，在今后的课堂教学过程中我会不断学习、研究、实践、反思，在这样一个良性循环中提高自己课堂教学的水平。

基本信息			
姓名	马静静	学校	北京市房山区周口店中心小学
学科	数学	年级	五年级
教科书版本及章节		北京版 第2章	
课题		认识循环小数	

教学内容与分析

教学内容：

　　认识循环小数是小数除法单元里的内容，主要包括认识循环小数、循环节，循环小数的简便记法和取循环小数的近似值等。教材是结合具体的例子对循环小数、循环节的概念进行介绍的，学生只要知道什么是循环小数、循环节，会判断什么是循环小数就可以了，不要求学生死记硬背。取循环小数的近似值，与求商的近似值的道理是一样的，内容相对简单，可以安排学生自学。

教学目标

教学目标：

1. 在具体的问题情境中，学生初步认识循环小数，能用简便记法表示循环小数和取循环小数的近似值。

2. 学生经历观察、对比的过程，发展推理能力。

3. 感受数学知识间的内在联系，体会循环小数的意义。

重点：认识循环小数，能用简便记法表示循环小数和取循环小数的近似值。

难点：体会循环小数的意义。

教学活动

教师活动	学生活动
活动一：感知循环小数的特点 1. 创设情境 孩子们，蔬菜中含有丰富的营养物质，你们喜欢吃蔬菜吗？下面是三种蔬菜每100克中钙和维生素C的含量表。仔细观察表格，你发现了哪些信息？ 	蔬菜名称	茄子	黄瓜	胡萝卜
---	---	---	---
钙含量/毫克	22	25	19
维生素C含量/毫克	5	9	3 | 2. 提出问题 根据表格呈现的信息，你能提出一个数学问题吗？ 师：老师也提出了两个数学问题，你们能帮老师解答吗？ 问题1：每100克茄子中维生素C含量是胡萝卜的多少倍？ 问题2：每100克黄瓜中钙含量是茄子的多少倍？ 我们首先来看第一个问题，谁能说说你是怎么想的？ 自主学习	学生说出自己发现的信息。 两位学生说出自己提出的问题。 生1：1克黄瓜中钙含量是多少毫克？ 25÷100=0.25（毫克） 生2：100克黄瓜的维生素C含量是胡萝卜维生素C含量的多少倍？ 9÷3=3 生：茄子的维生素C的含量是5毫克，胡萝卜的维生素C含量是3毫克，求一个数是另一个数的几倍，用除法解决，所以列式是： 5÷3 学生在学习单上列竖式，计算5÷3的结果。 学生独自计算，教师巡视。

（2）交流分享

你们在计算的过程中有什么疑问吗？

如果我们不断地除下去，它的商是多少？商的小数部分第5位是多少？第20位是多少？第100位是多少？

为什么这道题商的小数部分总是重复出现6呢？

生1：我发现无论除到小数点后面多少位，都除不尽，商的数位是无限的，商的小数部分总是出现6。

生2：我发现这道竖式的余数一直重复出现2。

生：如果我们不断地除下去，它的商是1.666…。

生：5除以3，一三得三，商1余2，补0，把20个0.1平均分成3份，每份是6个0.1，在十分位上写6，余2，补0，把20个0.01平均分成3份，每份是6个0.01，在百分位上继续写6，再往下算依旧是余2，补0，对应的商还是6。因为余数2不断地重复，没有变，所以商的小数部分也一直是"6"。

（3）合作探究
请同学们在学习单上独立完成老师提的第2个问题，然后观察竖式，把你的发现和小伙伴说一说。

学生计算，并观察竖式
生：我发现继续除下去，是永远除不尽的，商的小数部分会一直不断重复出现3和6。竖式的余数总是不断重复出现8和14。

活动二：理解循环小数
1. 认识循环小数
像1.66…、1.13636…、4.529529…等是循环小数。循环小数是无限小数。现在你能试着说说什么是循环小数吗？

你认为这句话中哪些词语比较重要？

判断伙伴所说的小数是否为循环小数。

生：一个数的小数部分，无论从第一位、第二位还是第三位开始，不断重复出现一个数字或者几个数字，这样的小数就是循环小数。

生：小数部分，依次不断重复出现

同桌两人合作，一人说数，一人判断是否为循环小数。

2. 认识循环节
小数部分依次不断重复出现的数字叫循环节。你能说出下面几个循环小数的循环节吗？
1.66…、1.13636…、4.529529…

请说出下面循环小数的循环节。
0.33…、5.32727…、6.416416…、1.4777…、15.438438…、0.03737…
判断小数的循环节时，一定要看重复循环的数字从哪一位开始。

3. 学习循环小数的简便记法
既然小数部分会一直不断地重复着循环节，那后面一直重复的部分，有没有简便的记法呢？
循环小数可以像上面这样把循环节写出两次以上，然后点上省略号。还可以只写出第一个循环节，在循环节的首位和末位上各记一个圆点，也就是循环点。例如，4.529529…记作4.5̇2̇9̇。

4. 取循环小数的近似值
同学们，在计算小数除法时，遇到除不尽时，除了可以用循环小数表示除得的商，也可以根据需要取它的近似值。如1.736736…保留两位小数和三位小数各是多少呢？你是怎么想的？

生1：第一个循环小数中，"6"是小数部分依次不断重复出现的数字，6是这个循环小数的循环节。
生2：第二个循环小数的循环节是36，最后一个循环小数的循环节是529。

指名回答。

生：我利用"四舍五入"法求它的近似值
1.736736…（保留两位小数）≈1.74
1.736736…（保留三位小数）≈1.737

活动三：解决生活实际问题 在生活中，我们经常会遇到循环小数。 　　我国每年生产近70亿支木杆铅笔。每生产700万支木杆铅笔就需要3万株天然椴木。生产多少支木杆铅笔就要用去一株天然椴木？（得数保留整数）	学生在学习单上作答。
师：这节课，我们一起认识了循环小数，回顾我们学习的过程，你有什么收获吗？	学生谈收获。

板书设计

认识循环小数

小数部分依次不断重复出现的无限小数叫循环小数。

$5 \div 3 = 1.66\cdots\cdots$

$25 \div 22 = 1.13636\cdots\cdots$

1.66… 记作 $1.\dot{6}$

4.529529…记作 $4.\dot{5}2\dot{9}$。

教学反思

　　循环小数是在学生学习了小数除法的意义、小数除法的计算及商的近似值的基础上进行教学的。这部分内容概念较多，又比较抽象，是教学的一个难点。在教学时，我让学生通过计算两个除法算式，根据发现的规律感受循环小数的特点，进而认识循环小数。

　　在本节课中我会关注学生习惯的培养，如导入部分，联系我们班午餐情况，我让孩子们多吃蔬菜，不要浪费粮食。在学生计算过程中，关注学生的"四姿"。在课堂上给学生表达的机会，尊重学生的主体地位。

　　当然本节课也存在很多不足。学生计算能力差，在平时的练习中我更应该注重算理，让学生明白算理。在课堂上更应该关注学情，巡视时及时发现学生的问题、解决学生的问题。另外在备课时，对本班学情分析做得不够好。

第三节　英语学科

基本信息			
姓名	孙艺	学校	北京市房山区周口店中心校
学科	英语	年级	二年级
教科书版本及章节		英语 二年级 上册 北京出版社 2014年7月 第一版	
课题		Unit 6 It's Christmas Day Lesson 21	

教学内容与分析

教学内容：

　　本课是二年级上册（北京版）第六单元的第21课。本单元主要学习的话题是学生能够在生日、圣诞节和新年这样特殊的日子里用适当的交际用语对他人进行问候，并给出恰当的回应。能够在恰当的语境中用"How old are you？"询问并回答年龄"I'm…years old."能够模仿录音中的语音、语调朗读表演韵文。

教学目标

教学目标：

知识与技能：

1．能够听懂、会说"How old are you？""I'm…years old."的交际用语，并能够在一定情境中运用。

2．能够运用数字1—10和同伴进行年龄的交流。

3．能够正确、流利地读出对话，与同伴一起进行表演。

过程与方法：利用多媒体课件激发学生学习英语的兴趣。在学习中培养小组合作精神和创新意识，引导学生通过以旧带新的方式自主学习。

　　情感态度价值观：通过主题故事的学习，引导学生在自己生日的时候跟朋友分享快乐，能够主动向过生日的人表示祝贺，并询问和回答关于年龄的问题。了解家人和朋友的生日，给予祝福。培养其关心他人的意识。

重点：

1．学习询问年龄用语"How old are you？"及应答"I'm…years old."。

2．在情境中正确使用数字1—10。

难点：能够听懂、会说"How old are you？""I'm…years old."的交际用语，并能够在一定情境中运用。

教学活动

教师活动	学生活动
1 Say hello 2sing a song（numbers） 3Free talk what do you think you must do for you birthday？ Learn "new words" Now Let's listen whose birthday it is today.？ Listen and say Picture1： 1．Who are they？ 2．Where are they？ 3．What are they doing？ Guess？ 1）Listen one time What's this？ How many candles on it？ What are these？ What's in them？ Who are they for？（a gift/a cake） 2）Listen one time 3．Read with tape Picture2： 1．How many candles on the cake？	Say hello and answer questions How are you？ How old are you？ Answer the questions 1．How many children are there in this picture？ Read the dialog read 1．How many children are there in this picture？ eight

2. How old is Lingling ？　How did you know ？ 3. Listen one time 4. What does the boy say to Lingling ？ 5. What do they say to Lingling ？ 6. Read with flash 7．Let's read group work and show Let's act 1．Whose birthday ？ 2．How old are they ？ 3．count the candles 4．Let's act Pair work and Pair show Work show	Read with flash Act group work and show 4．Pair show. Model1: L:I'm Lingling. S:How old are you ？ L:I'm eight years old. Group show. Model2: S:Happy birthday to you，Lingling. L:Thank you. I'm so happy today. S: How old are you ？ L:I'm eight. Have some cake，please. S: Thank you.
Let's say 1．listen What can you see ？ read " plenty of food" "the gifts for free" 2．read Listen and pat Read the words（me/see/free） Listen and read Review: What did you learn this lesson ？ Homework ： How old are your parents and friends ？	Listen and pat Point and say Read Read the sentences How old are your parents and friends ？

板书设计
Unit six　It's Christmas Day Lesson 21 How old are you ？ I'm eight years old.　　　party　　gift　　candles 　　　　　　　　　　　　　　　　　　　birthday 　　　　　　　　　　　song　　wish　　cake

教学反思
学生的状态非常好，每个孩子都有强烈的表达欲，师生互动充分，教师引导得当。老师给孩子一个较大的空间，中文和英文都是语言，都需要学习，把孩子们的中文提炼出英文，指导孩子学习。语言的逻辑性建立得很好，有方法地引导。学习一节课之前，要思考三个问题：1.who are they ？ 2.where are they ？ 3.what are they doing ？使学生有整体思维，同时在过程学习时也是紧紧围绕。Let's read环节，关注每一个孩子，每一个孩子都愿意展示。读书环节分三步——齐读，接力，即兴，深深地吸引了所有的孩子。Let's act中的free show部分使语言得到扩充，发挥了孩子的想象力和创造力。Let's say部分有层次，整体感知到语音。 　　在过程中，注意问题的连贯性，问题可以更直接：谁过生日？她几岁？都做了什么？抓住细节的发散性。Home注意纠正了尾音过长，但模仿得不够，学生语音有不准的情况。Let's say部分，可以回到开始，将生日的重要元素加以强调。同伴展示的深度要有进一步指导，问题化繁为简。作业的布置，要有进一步指导。给家人的祝福都包含什么？语言？行为？物品？都可以。

<table>
<tr><td colspan="4" align="center">基本信息</td></tr>
<tr><td align="center">姓名</td><td align="center">康清华</td><td align="center">学校</td><td align="center">北京市房山区周口店中心校瓦井小学</td></tr>
<tr><td align="center">学科</td><td align="center">英语</td><td align="center">年级</td><td align="center">二年级</td></tr>
<tr><td align="center">教科书版本及章节</td><td colspan="3" align="center">英语 二年级 上册
北京出版社 2014年7月 第一版</td></tr>
<tr><td align="center">课题</td><td colspan="3" align="center">Unit 6 It's Christmas Day Lesson 21</td></tr>
<tr><td colspan="4" align="center">教学内容与分析</td></tr>
<tr><td colspan="4">教学内容：
　　本课是二年级上册（北京版）第六单元的第21课。本单元主要学习的话题是学生能够在生日、圣诞节和新年这样特殊的日子里用适当的交际用语对他人进行问候，并给出恰当的回应。能够在恰当的语境中用"How old are you？"询问并回答年龄"I'm…years old."能够模仿录音中的语音、语调朗读表演韵文。</td></tr>
<tr><td colspan="4" align="center">教学目标</td></tr>
<tr><td colspan="4">教学目标：
1. 能够听懂、会说"How old are you？""I'm…years old."的交际用语，并能够在一定的情景中运用。
2. 能够认读和运用数字1—10和同伴进行年龄的交流。
3. 能够正确、流利地读出对话，与同伴一起进行表演。
4. 能够跟随录音说唱小韵文。
5. 能够主动地向过生日的人表示祝贺，并询问和回答年龄。</td></tr>
<tr><td colspan="4">重点：
1. 学习询问年龄用语"How old are you？"及应答"I'm…years old."
2. 能够在生日聚会背景下恰当礼貌地沟通交流。

难点：1. "Have some cake please."在相应场景的使用。
2. 表演并创编对话。</td></tr>
<tr><td colspan="4" align="center">教学活动</td></tr>
<tr><td colspan="2" align="center">教师活动</td><td colspan="2" align="center">学生活动</td></tr>
<tr><td colspan="2">

活动一：复习导入

1. Greeting

Good morning！

Nice to meet you！

2. 手指操

（1）Say from 1 to 20.（激发兴趣，活跃气氛，复习旧知）

（2）I show you do.

3. Free talk

Hello！ What's your name？

What day is today？

How many girls are there in our class？

（设计意图：创造温馨的上课环境，让学生带着愉悦的心情开始本课的学习。让学生活动手指的同时复习所学的旧知识。英语问答，给学生创设一个轻松的英语氛围，有助于学生口语和听力的提高）

活动二：合作探究

Before learning the pictures：

1. 出示课件（Birthday Party的场景）师问：What are there at the birthday party？贴图：（birthday cake/gifts/cards/balloons/fruits）

2. 出示班里同学的生日照片（创设真实的生日场景）

Show one student pictures and sing an English song "Happy birthday"

</td><td colspan="2">

学生和老师问好！

学生和老师一起做手指操。

学生用英语进行回答。

学生通过老师给的课件和回忆自己的生日宴会，回答birthdaycake/gifts/cards/balloons/fruits

</td></tr>
</table>

（设计意图：通过多媒体图片和照片的展示，给学生创设出真实的生日宴会的场景，让学生在真实场景中感受并学习对话，学生会更愿意学，并会在适合的场景说英语）

Describe the pictures：

1. 师：Today, we will go to a birthday party. Whose birthday is it？

2. 出示课件：主题图一

师问：Who are they？ Maybe…

3. 让学生带着问题看课件里的动画，直观感受对话内容，获取问题答案。

4. 师进行情感教育，当别人生日的时候，我们要对他说生日快乐！：Today is Lingling's birthday. You can say: Happy birthday to you, Lingling！

5. 让学生看第二遍动画跟读并寻找答案：Listen to the second time tape. T：What does Lingling answer？

6. 让学生跟着课件里的录音读对话。

7. 让学生模仿动画里的场景演一演。

（设计意图：通过多媒体动画的展示，多种感官刺激学生，让学生获取更多的有效信息，使教学变得更直观、更有效、更多姿多彩）

8. 课件出示玲玲的生日蛋糕，让学生观察蛋糕上的蜡烛有几根：This is Lingling's birthday cake. How many candles are there on the cake？ So how old is Lingling？

9. 课件出示主题图二，标注出Dongdong。师说：Dongdong is Lingling's new friend, he wants to know how old is Lingling？ So he ask…

让学生观看动画并回答问题：What does Dongdong ask？

让学生跟读，小组读，一对一练习重点句型。

10. 教师通过自制动画教学本课难点：

have some cake, pleases.

Watch the cartoon.

Practice one by one.

（设计意图：通过多媒体课件的使用，让教学难点突破变得容易一些，学生通过直观动画理解句子意思，印象更深刻。多媒体展示教师自制的小动画，让学生直观地感受到本课难点：Have some cake, pleases.句型的含义。这样使难点简化，学生轻松理解并记忆深刻）

11. 多种方式让学生练习读对话，并进行表演。

T and Ss make a model.

Ss practice with partner.

12. 教师示范如何在iPad上进行趣配音（注意语速、声调和发音）。

（设计意图：通过让学生使用iPad这种新型教学辅助设备，提高学生朗读英语的爱好和能力）

活动三：问题训练

教师出示图片（PPT）让学生对本课所学重点句型进行练习，并和自己的同伴进行替换练习。

（设计意图：通过使用多媒体课件，让学生操练活动变得更一目了然，也给学生创设了一个更真实的情境）

活动四：拓展训练

1. Making friends：交朋友环节。

教师找一名同学帮忙进行活动展示。让学生和同伴进行对话创编。

2. 学习童谣。

Look at the picture and say.

Listen to the tape and repeat.

学生看到是自己身边的同学的生日，会很感兴趣，在浓厚的生日宴会的气氛中练习说：Happy birthday to you！

过生日的同学也很有礼貌地感谢大家说："Thank you！ I'm so happy today！"

学生通过看课件里的图片和动画一步一步有梯度地回答老师问题。Ss answer：Lingling's birthday

学生一起 对Lingling说："Happy birthday to you，Lingling！"学生认真观看并回答："Thank you！ I'm so happy today！"

学生带着玲玲的头饰表演图片1的对话。

学生看课件图片和老师一起数一数一共有8根蜡烛。体会出玲玲今年8岁了。

学生观察主题图，听老师给出的问题。

观看动画2并回答问题：How old are you？ I'm eight.

学生观看简单小动画理解Have some cake, pleases.的含义，通过跟读、组读、个人读和表演读等方式练习

学生角色扮演进行表演，练习对话的运用。

学生以小组为单位，进行本课对话的趣配音，并在班级内进行展示。

学生看图片进行句型操练。

学生和同伴一起结合真实情况进行替换练习。

学生和同伴一起创编对话并表演。

学生通过动画学习小童谣

（设计意图：通过使用多媒体课件，让学生观看童谣加深理解，提高听、说的能力）

活动五：课堂小结

1. 教师对本课所学内容进行总结，并告诉孩子：当家人和朋友过生日的时候，一定要送上自己最美好的祝福！

2. 课堂评价总结。

（设计意图：学生感受到当别人生日时，自己要送上祝福，要学会关心别人）

学生认真倾听并且读一读。

板书设计

Birthday Party

Unit6 Lesson21

How old are you？
I'm eight.

小组评价

教学反思

本节课是一节小学英语新授课，在原有传统教育理念的基础上，进行了学习方式的变革，加入了多媒体课件、自制动画和iPad等多种新型教学辅助手段的使用，这让学生在课堂中由被动到主动，自主学习、讨论交流、朗读表演展示等，学生主动学习的积极性提高了，学习效果显著。

本课设计的几大亮点：

1. 导入环节用"手指数字操"引入，激发学生兴趣，活跃气氛，又复习了旧知识。

2. 对话教学环节注重孩子年龄特点，利用多媒体课件的使用让学生先看图创设情境，发挥想象，先听录音，再看视频，多感官触动教学方式很好。

3. 新型教学辅助设备的使用，大大提高了学生学习英语的兴趣和能力。

（1）重视培养学生的英语素养。

在本节课上，教师运用课件、图片、iPad等创设了三个真实情境，让学生在情境中进行英语听、说的训练，培养了学生的想象能力和英语表达能力。

（2）信息技术的运用为英语教学增添了色彩。

在本课的教学中，多处运用了多媒体课件，使课堂氛围活跃，吸引了学生的注意力，激发了学生学习英语的兴趣。例如：对话学习前，教师出示本班学生生日图片，让孩子们特别感兴趣，很自然地把学生们带入生日宴会的场景和氛围中。对话教学环节，教师给学生展示小动画，学生在真实的动画中学习语言，运用语言等。朗读环节中，教师让学生用iPad进行趣配音，改变了学生练习朗读的方式，这样的教学方法激发了学生想象的能力，培养了学生学习的兴趣，信息技术的运用为英语教学增添了色彩。

<table>
<tr><td colspan="4" align="center">基本信息</td></tr>
</table>

姓名	郭扬威	学校	北京市房山区周口店中心校
学科	英语	年级	六年级
教科书版本及章节		英语 六年级 上册 北京出版社 2014年7月 第一版	
课题		Unit 7 What are the twelve animals？ Lesson 23	

教学内容与分析

教学内容：

本单元的话题是谈论中国生肖文化。这是本套材中首次谈论生肖话题，在以前的学习中，学生们曾经谈论过动物名称、最喜欢的动物及宠物等与动物有关的话题。学生们本单元会分别学到12生肖的轮回、顺序以及生肖特征等文化。本单元学习的价值是谈论中国传统生肖文化并能够主动传播，弘扬中国文化。

教学目标

教学目标：

1．通过观察图片、听录音、看动画，理解对话内容，获取文中的相关信息，能够正确朗读故事、理解故事。

2．能够认读和运用本科所学单词 tiger twelve rat 等词汇并描述十二生肖的顺序 "What are the twelve animals？" "They are rat, ox…."以及了解其轮回频率。"How often does each animal come around？" "Every twelve years."

3．能够简单地介绍自己和家人的属相。

4．了解中国生肖传统文化，能主动谈论和传播生肖文化。

教学重点：

1．通过观察图片、听录音、看动画，理解对话内容，获取文中的相关信息，能够正确地朗读故事、理解课文。

2．能够认读和运用本科所学单词 tiger twelve rat 等词汇并描述十二生肖的顺序 "What are the twelve animals？" "They are rat, ox…."以及了解其轮回频率。"How often does each animal come around？" "Every twelve years."

3．能够简单地介绍自己和家人的属相。

教学难点：

1．通过观察图片、听录音、看动画，理解对话内容，获取文中的相关信息，能够正确地朗读课文、理解课文。

2．能够认读和运用本科所学单词 tiger twelve rat 等词汇并描述十二生肖的顺序以及了解其轮回频率。"What are the twelve animals？" "They are rat, ox…." "How often does each animal come around？" "Every twelve years."

教学活动

教师活动	学生活动
Step1： Greeting Good morning, everyone！	Say hello and answer questions
Step2： Free talk： I have some questions： What day is today？ What did you do last weekend？ Did you go to the park？ Teacher says:Last weekend，I went to the zoo. I saw many animals. My favorite animal is tigers.Because my birth-year animal is the tiger. Ask:What's your favorite animal？ Do you know birth-year animals？ Look at this picture，They are birth‐year animals. What's your birth‐year animal？ 设计意图：通过询问学生的上周做的事情，复习相关动词过去式，谈论学生喜欢的动物以及生肖。引出本节课的主题并为学习课文做准备。	Answer the questions
Step3： 学习主题故事 Listen and say 1．Look at this picture and answer some questions： Q1. Who are they？	Answer the questions： They are Yangyang and Sara.

Q2. Which festival is it ?

Q3:What are these ?

Q4:What is this ?

2. Let's listen and answer the question: What are they talking about ?

3. 出示问题：How did we Chinese name the years？解释句意

We Chinese named the years after twelve animals.

呈现一张虎年日历图片解释：In the Chinese calendar，we entered the year of the tiger.So Yangyang said：Happy year of the Tiger.

在用一张鼠年日历解释：In the Chinese calendar，we entered the year of the rat.

We can say: happy year of the Rat.

在用一张牛年海报呈现：We will enter the year of the ox.

We can say: Happy Year of the Ox！

设计意图：通过两张日历图片帮助学生理解单词entered含义。

4. open the book.Can you find out this answer and underline the answer：What are the twelve animals ?

利用自制生肖单词卡，进行板书，再次朗读生肖单词。

5. Watch the video answer this question：How often does each animal come around ?

利用生肖轮回表以及肢体动作解释come around。

利用图片依次呈现问题：

How often does the rat come around ?

How often does the ox come around ?

领着学生数一数，让学生了解并发现十二生肖轮回的规律。

出示问题：Yangyang has a cousin.

What's Yangyang's cousin's birth-year animal ?

设计意图：通过问题引领和学生根据问题自主阅读找答案的方式，帮助学生更好地理解故事大意。

Step4：Story time 读故事

The first time：Listen and repeat.

The second time：Role play the story.

The third time: Read by yourself.

Pair work:Read story in pairs. One is Yangyang. Another is Sara.

设计意图：通过不同方式的进行听读练习，帮助学生更好地朗读课文。

Step5：利用板书复述故事大意

Hello everyone！ Can you tell me something about the birth-year animals ?

Step6：Introduce myself's birth-year animal.

利用ppt，教师介绍自己的属相：You know I was born in the year of the __tiger____.

So my birth-year animal is the tiger.

Ask students：What's your birth－year animal ?

I was born in the year of the_____.

My birth-year animal is the _____.

让学生根据提示句介绍个人的属相。

Introduce their parent's birth-year animals.

教师在出示父母的图片介绍自己的父母的属相：

This is my mom.

She was born in the year of the pig.

Her birth-year animal is the Pig.

This is my dad.

The Spring Festvial.

They are red lanterns.

It's a tiger.

birth-year animals.

Watch the video and answer.

Answer: They are Rat、Ox、Tiger、Rabbit、Dragon、Snake、Horse、Sheep、Monkey、Rooster、Dog、Pig.

Find out and underline.

Answer:

His birth-year animal is the tiger.

Listen and read and role play.

Look at blackboard and retell the story.

He was born in the year of the rat.

His birth-year animal is the Rat.

Can you tell me your dad's or mom's birth-year animals？

Step7：Let's practice

read and write 选词填空

设计意图：通过选词填空的练习，检测学生们掌握故事大意的情况。

Step8：Summary

This class we learned：

We Chinese named the years after twelve animals. The twelve animals are Rat，Ox，Tiger，Rabbit，Dragon，Snake，Horse，Sheep，Monkey，Rooster，Dog，Pig.Each animal comes around every twelve years.

设计意图：通过复述故事大意，检测并帮助学生们更好地理解和掌握课文内容。

Step9：Homework

1．Find out your family member's birth-year animals！

2．Make the twelve animals cards！

Try to introduce dad's or mom's birth-year animals.

Retell the story.

板书设计

Unit seven What are the twelve animals？

Lesson 23

Lesson23

We Chinese named the years after twelve animals

They are Rat, Ox……

生肖卡

birth-year animal

Every twelve years

教学反思

　　我此次的讲课内容为六年级第七单元第23课。专家听完课后，首先肯定了我在备课的过程中，对于课件、教具的准备和板书的设计以及课上的评价方面做得很细致充分。对于教学目标来说，这节课基本达成。能够基于在学科素养下，践行单元整体教学。

　　另外，专家也对我进行了耐心细致的指导，给我提了一些更好的建议：要根据英语的四个维度更好地进行单元整体教学设计，要从知识，语言，能力，和思维品质仔细琢磨研究，综合培养学生的综合素养。针对这节课，在有些细节方面，专家也给予了我很多的指导，针对故事教学方面，专家希望我能够有意识地对语篇进行有效的迁移。另外，针对这节课，专家提出在语言输出的形式上，可以再设计得丰富些。

　　通过专家的这次指导，让我对于如何开展故事教学有了更深的理解，我会根据专家所给的建议，在日常课堂教学中加以实践应用，争取让自己的英语故事教学更进一步。

第四节　科学学科

基本信息			
姓名	李春英	学校	北京市房山区周口店中心小学
学科	科学	年级	五年级
教科书版本及章节		教科版五下《生物与环境》单元	
课题		比较种子发芽实验	

教学内容与分析
教学内容： 　　本节课活动的两大主题：分享自己的发现、研讨种子发芽必需条件。学生经过前一课《种子发芽实验》的学习和实践，已经开展了种子发芽实验，而他们将在本节课集中观察实验现象、收集和整理数据，形成种子发芽所需条件的认识，并继续种植、照顾绿豆芽。 　　**核心问题：**"观察实验中的种子发芽情况，我们有什么发现？"和"比较各组的实验结果，我们又有什么发现？" 　　**探索环节：**引导学生利用pad观察实验结果，收集信息数据、分析数据并将数据转化为证据形成一定的解释进行分享、研讨、达成共识。对绿豆种子发芽的条件做出一个肯定的结论。

教学目标
科学概念目标：绿豆种子发芽需要水、空气和适宜的温度，土壤和阳光不是种子萌发的必要条件。 　　科学探究目标：能够利用pad进行实验观察；能够收集、整理、分析数据，并在与同学的交流研讨中得出科学的结论。 　　科学态度目标：进行多人合作时，愿意沟通交流。 　　科学、技术、社会与环境目标：认识到植物要依赖环境生存。
重点：进行实验观察、数据收集、整理、分析。 难点：进行实验观察、数据收集、整理、分析。

教学资源
"水对比实验""光照对比实验""温度对比试验""空气对比实验"等视频资料。

教学活动	
教师活动	学生活动
一、聚焦（预设2分钟） 　1. 提问：上节课我们讨论了让绿豆种子发芽可能需要哪些条件？ 　2. 谈话：这么多条件中，我们推测哪些是绿豆种子发芽所必需的条件呢？没有它就不能发芽。 　3. 谈话：上节课我们设计了多个绿豆种子发芽的对比实验，大家看看有什么发现？ 　4. 谈话：今天我们继续来研究种子发芽的条件，但我们自己亲手做的实验不足以完成今天的观察任务。所以我们请出pad帮手，观察上面老师为大家准备的实验。 　**二、探索（预设20分钟）** 　活动一：研究土壤是种子发芽的必要条件吗？ 　1. 利用pad观察实验结果，小组内收集数据。 　2. 出示实验数据统计表格，教会学生如何统计数据。 　3. 结论：没有泥土绿豆种子也能发芽，说明土壤不是绿豆种子发芽的必要条件。 　活动二：研究种子发芽的其他条件 　1. 继续利用pad观察实验结果。	学生回忆讨论结果：水、光、空气、土壤、适宜的温度等。 　　学生预测：水、光、空气、适宜的温度等是绿豆种子发芽所必需的条件；土壤存疑。 　　学生发现，由于时间短，我们做的实验变化还很小。 　　观察土壤实验中的种子发芽情况，完成实验信息表。 　　汇报观察结果。 　　得出结论：土壤不是绿豆种子发芽的必要条件。 　　汇报交流：各个小组轮流汇报分析。 　　1. 阳光：有阳光照射的绿豆会发芽，无阳光照射的绿豆会发芽；

2. 谈话：根据我们观察到的实验结果，总结一下绿豆种子发芽需要哪些条件。

3. 谈话：我们单凭简单的实验数据和分析还不能得出最终的科学结论，一个科学结论的得出需要反复的实验研究。

4. 小结：经过科学家研究，绿豆种子发芽需要哪些条件（适量的水分、充足的空气、适宜的温度），不需要哪些条件（土壤、光照）。

三、研讨（预设10分钟）

1. 实验结论与实验前的预测一致吗？

2. 谈话：如果有空气的绿豆会发芽，无空气的绿豆在不同小组中结果不一样，有的小组绿豆发芽了，有的小组绿豆不发芽，怎么办？

3. 阅读资料：

种子发芽的基本条件，一是温度：种子萌发的最低温度为6-7℃，12-14℃能正常发芽，最适温度为20-25℃，最高为35℃。二是水分：一般需吸收相当于种子自身风干重的120-140%的水分才能萌发。三是充足的氧气。

四、拓展（预设5分钟）

1. 引导：已经发芽的绿豆芽怎么处理？

2. 谈话：请同学们预测哪些条件会影响绿豆苗的生长？

3. 布置课后作业：对绿豆芽的生长做观察记录。

五、课堂练习（预设3分钟）

1. 下图实验是研究 ___ 。

2. 把湿润的子放在冰箱里没有发芽原因是什么？

3. 绿豆种子发芽必须的条件是什么？

2. 空气：有空气的绿豆会发芽，无空气的绿豆会发芽；

3. 温度：常温下的绿豆会发芽，低温下的绿豆不会发芽；

4. 水分：有水分的绿豆会发芽，无水分的绿豆不会发芽。

学生总结绿豆种子发芽需要哪些条件，不需要哪些条件。

学生描述绿豆种子发芽需要条件：适量的水分、充足的空气、适宜的温度。

组内讲讲自己是怎样用实验数据来解释这个条件的实验结果的。

同学们推测原因：操作不当，有空气进入；选用了自来水，水中有空气。
再次进行严谨实验。

阅读资料，进一步了解种子发芽需要的条件。

完成任务：把绿豆芽种植在花盆中，放到适合的地方，让绿豆芽生长一段时间。
预测哪些条件会影响绿豆苗的生长。

回答问题：
1. 研究绿豆种子发芽是否需要阳光。

2. 缺少适宜的温度。

3. 适量的水分、充足的空气、适宜的温度。

板书设计

比较种子发芽实验

种子发芽
的条件
必需：适量的水分　充足的空气　适宜的温度

不需要：土壤　光照

教学反思

本节课的优点：运用pad给学生提供探究活动资料，顺利完成教学任务，激发学生学习兴趣。

本课的学习需要用到上节课设计的种子发芽的实验结果，因为时间短，不能看到自己所做的实验结果，学习无法开展，因此我在课堂上利用pad手段，为学生提供研究素材解决这个问题。

我课前在pad里下载好了"水对比实验""光照对比实验""温度对比试验""空气对比实验"等多个必需的视频资料，让学生根据需要直接观察实验过程和结果，操作简单，节省时间，方便证据的收集。

由于在课堂上可以自由观察实验结果，大大激发了学生的学习兴趣。在真实实验中由于种子发芽的实验涉及的环境非常复杂，一些条件如空气、温度等是我校现在无法控制的，利用pad是对教学的补充。

本节课的不足：

"种子发芽实验"是个有趣味性的活动，为学生提供一个亲身经历。我设计活动的出发点是让学生在亲身经历的过程中自行研究解决实际问题，但还是准备得有些晚，未能达到上课的需要，需要课后补救性观察。今后再上此课，我要组织学生提前进行实验。

基本信息			
姓名	蔡春虎	学校	北京市房山区周口店中心校娄子水完全小学
学科	科 学	年级	三年级
教科书版本及章节		教科版三年级上第二章1节	
课题		感受空气	

教学内容与分析

教学内容：

　　学生在一年级已经对空气进行了初步的研究，但研究方法仅限于使用感官简单地观察和描述空气，对空气的基本特征有一定的感性认识。进入三年级，学生的探究方法和技能都有了很大程度的发展，因此，在本单元的学习中，学生将采用感官和各种辅助工具，对空气这种物质进行更为深入的探究。

　　《感受空气》一课是小学三年级科学上册第二单元的第1课，整体感知空气，具体研究空气的各种性质特征。学生运用各种科学方法和技术手段研究作为物质的空气的基本性质。学生首先用感官观察空气，然后通过简单的实验，用竖直倒扣的杯子、注射器、简单天平、热气球、风的成因盒子来探究空气的各种性质，在感性认识的基础上进行理性思考，实现科学概念和科学探究协同发展。

教学目标

教学目标：

科学概念目标

1. 学生通过感受活动，知道空气虽然看不见，但是可以被我们感知并且存在于我们周围。

2. 学生通过游戏，认识空气具有易泄漏、轻、能被压缩等特征。

3. 学生通过感受活动，知道空气总会充满各处。

科学探究目标

1. 学生借助生活中和空气相关的各种物品，并运用多种感官，了解空气特征。

2. 学生通过探究活动，能用简单的文字或者图画记录实验结果，尝试用科学的语言进行汇报。

3. 学生通过对气泡图进行补充，学会整理信息。

科学态度目标

1. 学生通过小组合作探究，能主动参与合作学习活动。

2. 学生通过研讨活动，学会倾听他人的意见，乐于讲述自己的观点。

科学、技术、社会与环境目标

初步了解人类的生活和生产需要从自然界获取资源，意识到空气的重要性。

重点：通过多种方法观察并描述空气的特征。

难点：通过体验能够比较发现空气和一般物体的共同特征。

教学活动

教师活动	学生活动
一、聚焦：揭示课题（预设5分钟） • 猜谜语：空中物体真奇怪，看不见，会流动，没味道，我们大家都需要。（空气）[材料准备：带盖的黑盒] 1. 黑盒游戏，请学生来摸一摸。 提问：摸到了什么？（预设：什么都没有） 2. 打开盒子展示，强调盒子里面的确是放了东西。 • 提问：你们猜猜看是什么？你们想知道关于空气的那些知识呢？（预设：空气，表达）回忆一年级《一代空气》中学过的空气的特点。（无色、无味、透明的、可流动） 3. 揭示课题：感受空气（板书） 提问：我们了解的空气有什么特点？（预设：摸不到、看不见、无色、无味、没有固定形状等） 提问：在你们的脑海中，空气有什么作用呢？（预设：呼吸、植物营养——光合作用、大自然的组成部分等）	调动学生思维，尽快进入课堂学习角色。 学生通过游戏猜测自己的假设。 了解空气的知识。 回忆一年级时对空气的认识。

4.小结：空气是非常重要的，我们的生活是离不开空气的。	
二、探究研讨：空气特征（预设25分钟）	
（一）游戏一：感受空气	
[材料准备：1个大透明塑料袋、1个气球]	
1.出示：一个大的透明袋子、1个气球，你们分别会怎么玩？	通过几个现象了解空气的其他特性。
2.学生说玩的方法，明晰各物品的游戏方法，尤其是透明袋子的，学生示范装空气的方法（打开袋子轻轻地一兜，用手抓紧袋口，再拧一圈，观察结束前都不能松开袋口）。	
3.出示实验记录单，明确实验要求，学生实验并记录实验结论。	
4.学生汇报交流：我们通过什么方法，发现空气有什么特征？	
小结：空气很轻，会流动，会发出声音，能压缩……（填入气泡图中）	
（二）游戏二：帮妈妈游戏	
[材料准备：每组一套水、苹果、空气、自封袋、透明杯子、篮子]	通过实验，感受固体、液体和空气的相同点与不同点。
1.出示：三样物品水、石头和空气，三个容器自封袋、透明杯子和篮子，每个容器中只能装一样物品进行传递。	
2.学生小声讨论实验方法。	
3.出示实验记录单，明确实验注意事项，学生实验并记录实验结论，并思考理由。	
4.学生汇报交流：	
（1）我们用什么（容器）来传递什么（物质），理由是什么？	
小结：空气容易泄漏，会流动。（填入气泡图）	
（2）空气和水有什么相同的地方？空气和石头有什么相同的地方？	
（预设）空气和水的共同点：都会流动，都没有固定形状。	
（预设）空气和石头共同点：都是自然界的一部分，都占空间。	
三、拓展：认识物质三态（预设5分钟）	
介绍固体、气体和液体，学生举例。	
四、小结与延伸（预设5分钟）	拓展提高。
1.小结空气特征，解释气泡图上的气泡是可以根据实际情况进行增减的。	
2.针对这些空气特征提出新的质疑。	
小结：那么就让我们带着这些疑问进入后面的课堂学习。	

板书设计

感受空气

教学反思

　　本课采用的形式多样，活动多样，材料多样。有视频，有体验活动，还有各种各样的材料来让学生体验对空气的感受，本课内容很丰富，操作多样化，孩子在操作的过程当中选择各种操作来验证空气，对空气的感知，主要围绕孩子认识空气的这件事进行授课。对练习的布置简化实验报告册。突出本课的重点知识，针对性强。本课设计的层次实验活动很清晰。

　　让学生体会到了空气的流动性或者说是空气的无固定性。本课聚焦时间过长，要压缩聚焦时间，后边的探讨时间应放得多一些。可以把运送活动更细化。追问学生的疑问。例如学生说差不多，这"差不多"是什么意思？差在哪里？用孩子自己的话进行总结：如不封口，空气就跑了。

第五节　道德与法治学科

基本信息			
姓名	孙成志	学校	北京市房山区周口店小学
学科	道德与法治	年级	三年级
教科书版本及章节		统编版三上第一单元	
课题		做学习的主人	

教学内容与分析

教学内容：

本课内容是三年级上册第一单元第三课的第一课时《做学习的主人》。本课编写依据是《义务教育品德与社会课程标准（2011年版）》中"我们的学校生活"里的第三条"珍惜时间，学习合理安排时间，养成良好的学习习惯，独立完成学习任务，不抄袭，不作弊"。

三年级学生由于学习难度的加大，在学习上出现了一些分化现象，有些学习成绩不太好的学生开始怀疑自己，在学习上表现出泄气和不自信，为了帮助学生发现自己学习上的潜力，树立学习的自信心，安排这些内容的学习。

教学目标

教学目标：

1. 认识到每个人都有长处，知道人人有特点，能力有不同。
2. 愿意主动向同学、老师、家长寻求帮助，发现自己学得不够理想的原因，挖掘自己的学习潜能。
3. 树立学习的自信心，养成良好的学习习惯。

重点：引导学生找到自己的长处，发现自己的学习潜力。

难点：树立学习的自信心，养成良好的学习习惯。

教学活动

教师活动	学生活动
环节一：通过故事情境，引发学生思考自己的长处。 1. 导入：通过前面的学习，同学们都知道了，我们的成长离不开学习，学习伴随着我们的成长，每个同学都希望让自己越来越优秀，小河马跟你们的想法一样，你看，它来了。（播放视频） 2. 讨论：小河马都遭遇了哪些挫折？它是怎样变得有自信的？看了这个故事你受到了什么启发？ 3. 我们天生爱学习，在学习方面每个人都有自己的长处，我们都能学得好。有几个同学特别想向大家介绍一下自己的长处，咱们一起来看看吧！ 投影展示几名同学对自己的介绍。 4. 思考：你知道自己的长处是什么吗？我们还可以通过什么方法找到自己的长处呢？ 环节二：找到自己学得不理想的原因，并找到解决的途径。 1. 案例：播放视频 明明放学回家后就开始写作业。在写作业的过程中，他一会儿喝水，一会儿玩铅笔，一会儿做计算，一会儿背课文，一会儿又查找资料……直到很晚了，才把作业写完。 明明的困惑：自己学习时间这么长了，已经很用功了，为什么成绩还是很不理想？	预设： 1. 大家都得奖了，小河马没得奖，觉得没有长处，哭了。 2. 小鸟教它唱歌，它唱得难听。 3. 小河马跟小猴学爬树，没学会。 4. 小河马跟着小鹿学跑步，也跑不快。 如何变得有自信：因为在河边小河马驮着小松鼠过河，结果明白了自己很擅长游泳，能帮助大家渡河，这也是自己的长处。 认真观察，体会别人的长处，启发自己找自己的长处。 1. 学生结合自己的实际说一说。 2. 同学之间说一说。 3. 回家问问妈妈，在学校里问问老师，找到自己的长处。 认真观看视频，找到明明学习成绩不理想的原因。在学生互相补充建议的过程中让学生体会到做事情要专心、有方法，才能效率高。

2. 提问：你有过这样的困惑吗？原因是什么？怎么才能改掉呢？

3. 这也是在挖掘自己的潜力，通过不断训练让我们在某些方面的能力更强。那么你的潜力是什么呢？

环节三：发现自我潜力并落实行动，做学习的主人。

1. 视频：人的潜力有多大？

你最喜欢哪段故事，说说为什么？

2. 本课学完了，你有什么收获？

小结：每个人都有巨大的潜力，用心挖掘自己的潜力会让我们学习起来事半功倍。大量科学研究表明，人的一生只用了其能量很少的一部分。爱因斯坦那样的大科学家，也只用了大脑潜能的10%。同学们，请相信自己——"我能行"。

预设：字写得不好看、跳绳不连贯、仰卧起坐做不起来、听讲总是走神、上课总是忍不住说话、没有找到正确的学习方法、对某些科目的学习没兴趣等。

解决方法：寻求帮助、坚持训练、勤奋学习。

学生根据视频内容，感受人的潜力无限，激发出自己的潜力，可以完成意想不到的事情。进而迁移到自己，对自己充满信心，相信自己也是潜力无限。

板书设计

做学习的主人

人人都能学得好 ┤ 知长处
会反思
树信心

教学反思

本课学习过程中，小河马的动画故事简单有趣儿，符合孩子认知，学生非常喜欢，并且能从视频中理解到小河马的困惑，也能找到小河马终于有了自信的原因。因为铺垫比较扎实，所以孩子利用情境的迁移，联想到自己，自己也曾有过小河马一样的困惑，但是看到小河马最后成功找到了自己长处，也对自己也有了一定的自信。这个环节设计得很成功。

在思考自己长处的过程中，孩子不是很清楚自己的长处，但是通过在班里让同学帮忙找自己的长处，学生体验到了被肯定的感受，心中很欣喜。又通过学习知道，还可以让家长帮自己找到长处，学生很愿意去跟家长交流。

在最后一个环节中，通过视频，学生看到了一个人的潜力是无限大的，先是很吃惊，后来充满了敬佩，当了解到每个人都有巨大的潜力时，自己也很高兴，并且非常愿意去好好学习，不断发掘自己的潜力。

教学过程中也有很多需要改进的地方。比如：如何设计更有效的环节让学生不但能从理论上知道自己应该怎么做，而且还能真正落实到行动中去，并通过情境体验，在内心深处受到触动，进而转变自己的行为。

课堂呈现的问题，也是我今后在备课过程中要重点研究的问题，我会不断努力，让学科本质落位课堂。

基本信息			
姓名	王平	学校	北京市房山区周口店小学
学科	道德与法治	年级	三年级
教科书版本及章节		统编版第三单元	
课题		大家的"朋友"	

教学内容与分析

公共环境是人们共同生活的空间。正确的公共生活观念、良好的公共行为方式，以及关爱、同情的社会情感是学生作为公民应该具备的基本公共道德。从学生初步、零散的公共生活经验来看，学生的公共意识、规则意识还相对薄弱，也缺乏对公共设施价值的认识，无法将爱护公共设施的行为落实到学生具体的生活中，学生有意、无意破坏公共设施的行为并不少见。

本单元围绕"公共生活"这一学习主题，设计了《大家的朋友》《生活离不开规则》《爱心的传递者》三课内容。设计思路是从公共生活中具象的"物"，过渡到公共生活中抽象的规范，最后落脚在充满关爱、同情精神的公共生活上。因此，本单元首先从学生熟悉的公共生活中常见的公共设施入手，引导学生认识公共设施对人们生活的价值，帮助学生真正做到爱护公共设施。

教学目标

学习目标：
让学生通过已有的生活经验辨认公共场所常见的公共设施，知道公共设施是在公共场所供大家使用的设施。
感知公共设施给人们生活带来的便利，加深对公共设施作用的认识，初步形成爱护公共设施的观念。

教学重点：
感知公共设施给人们生活带来的便利，加深对公共设施价值的认识，初步形成爱护公共设施的观念。
教学难点： 认识生活中的公共设施，了解这些公共设施的作用。

教学活动

教师活动	学生活动
活动一：猜谜语导入新课 1. 今天我们要学习第三单元第一课《大家的朋友》，但是这些朋友有些调皮，要让大家猜一猜它们是谁，它们，来了。 （1）有门有窗不是房，脚儿圆圆走四方，载人送客不疲倦，它的工作特别忙。 （2）小小房间在路旁，两边开着活动窗。要想街道变干净，果皮纸屑往里装。 （3）一个大哥三只眼，每天路口来值班，人们要看它眼色，要是乱闯出危险。 2. 它们都住在哪儿？有什么用处呢？ 3. 小结：这些朋友不同，用处不同，但是它们都有一个共同的名字：公共设施。（板书）	学生猜：公交车、垃圾桶、红绿灯。 学生根据自己的生活经验回答。
活动二：认识身边的公共设施，知道公共设施的作用。 1. 在我们生活的周围，还有哪些像这样的公共设施朋友呢？咱们一起走进小广场找一找。 2. 小组交流：在你的生活中，还在哪儿看到过什么公共设施？它的作用是什么？请你用说一说、演一演、讲一讲的方式跟大家说说吧！ 3. 你认为什么叫公共设施？	学生看视频，找到广场中公共设施。 说一说：你在哪儿看见过什么公共设施朋友，它的用处是什么。 演一演：请你把公共设施朋友的作用边说边演一演，让大家猜一猜。 讲一讲：你或家人与公共设施之间的小故事。 学生总结：让大家用，为大家提供服务的设施。 学生讲一讲自己使用公共设施过程中的特别体验或是感受，进一步体验公共设施给大家带来的便利，体验到人们的生活离不开公共设施。

4．特殊公共设施： （1）特殊情况下使用的公共设施：救护车、救火车等。 （2）为特殊人群提供的公共设施：残疾人专用停车位、母婴室等。 5．公共设施的分类。 6．假如我们生活的周围没有公共设施，会怎么样呢？ （1）播放《小叮当旅行记》。 （2）自己生活中的不便。	学生进一步了解公共设施的作用—不但供大众使用，还有特殊需求时为大家提供的公共设施，感受公共设施为我们的生活提供的多方位的服务。
活动三：新型公共设施设计大赛： 　　1．随着科技的发展、社会的进步，人们根据日常生活中的需要，或改进现有设施，或设计新的公共设施，来更好地为大家提供服务，大家一起来看看吧！	学生通过看视频，续写故事，联想自己生活中没有公共设施的不便，体会公共设施的重要作用。 　　学生观看视频，启发自己设计新型公共设施的思路。
2．举办新型公共设施设计大赛。	
课堂总结：通过这节课的学习，大家都认识了我们的新朋友"公共设施"。它们每天都在为我们的生活提供着帮助，是我们生活中不可缺少的一部分。希望同学们好好学习，掌握丰富的文化知识，设计出更多、更有创意的新型公共设施，为大家高品质的生活做出自己的贡献。	学生设计新型公共设施。

板书设计

教学反思
本节课入课有趣儿，猜谜语的方式激发了学生的兴趣，身边的公共设施是谜底，因为难度不大，把孩子学习的积极性调动起来后，让孩子们快速进入学习状态。 　　小广场的视频因为是孩子们特别熟悉的场所，引发了孩子们极大兴趣，孩子们积极地思考，并借助生活经验，很快在这里找到公共设施。在汽车是不是公共设施这一问题上，引发了真研究、真讨论，最后得出结论：私家车不是公共设施，归私人拥有。正是因为这一环节的争论，孩子们对公共设施的概念有了更深入的理解，为后面的学习打下了很好的基础。 　　学生在用自己的方式介绍公共设施时，积极踊跃，源于对公共设施作用的深刻理解。特殊情况下使用的公共设施和为特殊人群准备的公共设施让孩子们进一步体会到公共设施的全面服务，为人们生活提供了各种保障。 　　在观看《小叮当旅行记》时，学生充分理解因为没有公共设施给小叮当带来的不方便，进而想到自己的生活，如果没有公共设施，生活中会有很多麻烦，学生进一步感到公共设施的重要性。 　　在"新型公共设施"设计大赛前，孩子们又观看了改进的或是新型公共设施设计的视频，孩子们再次体验到科技的先进、新型公共设施给人们带来的极大便利，激发出了自己设计新型公共设施的意愿。 　　整个学习环节设计层次清晰，身边资源的使用充分激发了孩子们的学习兴趣，生生互动充分，学习目标基本达成。 　　在学习活动设计过程中，如何整合问题，用一个大问题引领学生思考并展开研究，让学生在熟悉的环境中有兴致，有研究的层次，有真的思考和收获，让学科素养在课堂学习中有效落位，是在课堂学习环节设计中还要思考的问题。

第六节　艺术学科

基本信息			
姓名	王建茹	学校	北京市房山区周口店中心小学
学科	音乐	年级	三年级
教科书版本及章节		人民音乐出版社三年级上册第六单元	
课题		夏	

教学内容与分析

教学内容：《夏》是一首一段体结构的大调式歌曲，2/4拍，由两个乐句构成，其中每个乐句又可分为两个乐节。前句中的两个乐节a和b运用了相同的节奏进行，旋律进行先相似、后相对，半终止于属音；后句前四小节是前句乐节a的重复，后4小节的乐节c是对乐节b的上行模进。

教学目标

教学目标：

1. 有表情地演唱歌曲《夏》，知道这是一首希腊儿童歌曲。

2. 知道"𝄽"是四分休止符，并能准确应用。

3. 通过唱谱、唱词学会歌曲，再通过合唱巩固表现歌曲。

重点：唱好歌曲

难点：合唱歌曲

教学活动

教师活动	学生活动
一、组织教学 二、课前准备 复习四分休止符，演唱老师自编小曲子。 要求：音准正确，轻声高位置演唱。 三、学习歌曲《夏》 师谈话：同学们，我们唱的这首小曲子是什么季节的？今天老师还给大家带来一首夏天的歌，名字就叫《夏》。这是一首希腊儿童歌曲。下面我们就通过一个短片来了解一下希腊。 　1. 师播放介绍希腊的视频。 　2. 播放歌曲范唱。 　3. 复习C大调上行、下行音阶，学唱歌谱。 　4. 学习四分休止符"𝄽"。 　5. 加入歌词演唱。（注意指导学生的歌唱方法以及歌曲的情绪） 　6. 练习合唱。 加入开始练习的小曲子，形成二声部演唱。 四、小结	起立，音乐问老师好。 识谱，唱谱，加入歌词演唱。 生回答：夏季。 通过短片了解希腊。 初听歌曲，激发兴趣。 演唱音阶，视唱歌谱。 学习"𝄽"的用法，知道见到这个符号，知道它是四分休止符，要休止一拍。 演唱歌词并唱熟。 唱二声部要和谐、统一。

板书设计
夏 "𝄽"四分休止符

教学反思
优点：关注了学生的思维和方法的训练。 缺点： 1. 太关注基础知识的学习，淡化了音乐的审美性和音乐的表达。 2. 学生基础不够，合唱效果不好。 改进措施： 1. 课上要有音乐的气质，老师拥有演员的素质。 2. 老师要把音乐的审美、歌曲的快乐传递给孩子。 3. 提高效率，基础知识的学习时间不要太长。 4. 基础知识的学习与审美情趣的培养要有机地结合，缺一不可。

第七节 体育学科

跳短绳——双脚变换跳组合

北京市房山区周口店中心小学 李雪苹

一、指导思想

本课依据《体育与健康课程标准》，树立"健康第一"的指导思想，促进学生健康发展。教学设计结合四年级学生的生理、心理特点，让学生在快乐的氛围中感受运动的乐趣，掌握一定的运动技能，增进身体健康。期待学生在"乐中练，动中练，玩中练"，满足学生身心发展的需求和情感的体验，为学生终身体育奠定基础。

二、教学内容

人教版三至四年级《体育与健康》，基本体操部分——跳短绳：双脚变换跳组合。

三、教学背景分析

1. 教学内容分析

（1）跳绳是以上下肢活动为主的全身运动项目，对场地要求不高，且简便易行，锻炼价值较高，效果也较好，因此深受青少年儿童的喜欢。一二年级短跳绳学习了必要的握绳、量绳和停绳的方法，主要学习了最基本的两脚依次跳和并脚跳。三四年级短跳绳主要学习单脚交换跳。针对三四年级学生的身体条件以及对短跳绳熟练掌握，我对学生的短跳绳开展了花样绳的延伸学习，目前主要延伸了甩绳、前后跳、左右跳、弓步跳、开合跳、侧点地跳和交叉跳等双脚变换跳，在此基础上继续学习本节课的主要内容：双脚变换跳组合。它是双脚交叉跳和侧勾点地跳的组合动作，这个组合对学生身体综合素质和控制能力的要求进一步提高，此时要求学生动作清晰、准确、协调、连贯。对短跳绳跳法的熟练掌握，不仅能促进肌肉、骨骼、内脏器官和神经系统等的全面发展，更能为五六年级要学习的前后编花跳和双摇跳等一系列高难度动作打下良好基础。

（2）教学重点：左右脚配合跨跳过绳。

教学难点：左右脚配合跨跳过绳。

2. 学生情况分析

本次授课为四（3）班的学生，共29人。其中1名同学患有听力残疾，需要见习，因此在课上会为他分配一些辅助性任务尽量参与集体活动。通过分析其余28名同学发现，其中6名学生运动能力较强，为他们分配了帮扶以及优秀生展示活动组长的任务，以期全面提高学生的学习热情；此外4名学生协调性较差，上课时教师将他们分散安排，希望能达到更加良好的学习效果。本班学生优势为活泼好动、做事积极乐观、勤于思考、善于合作，且均对体育运动有浓厚的兴趣。针对这些特点，在教学中，我充分利用了人员分工，精心设计场地，设计了多样化的练习方式，运用师生评价、生生评价等多种评价方式结合，为本节课高效、有序、快乐、安全地进行打下了良好的基础。此外，对学生组织性、纪律性的培养我也会贯穿在整个教学过程中。

四、单元课次

"短跳绳：双脚变换跳"单元教学共4课次。本课为第2课次。

课次	教学目标	教学重点	教学难点
一	初步学习双脚交叉侧勾点地跳，通过对双脚前后交叉的幅度的学习，学生能完成组合动作，部分同学可以无绳完成组合动作。	摇绳和左右脚配合跨跳绳。	左右脚前后交叉的幅度。
二	巩固学习双脚变换跳组合，强化交叉步与侧点地步的协调连贯，伴随音乐时，尽量做到准确、协调、连贯。	左右脚配合跨跳过绳。	左右脚配合跨跳绳。
三	改进提高双脚交叉侧勾点地跳，要求伴随音乐时动作协调、连贯。	伴随音乐时，左右脚配合，动作协调连贯。	左右脚配合，动作协调连贯。
四	巩固提高双脚交叉侧勾点地跳，要求伴随音乐时动作快速、协调、有节奏。	伴随音乐时，动作快速、协调、有节奏。	动作快速、协调、有节奏。

五、课时教学计划

短跳绳———双脚变换跳组合

教学内容	1. 短跳绳：双脚变换跳 2. 游戏：运输小分队	班级	四（3）班	人数	29	课次	第二课次
教学目标	1. 巩固学习双脚变换跳组合，强化交叉步与侧点地步的协调连贯，伴随音乐时，尽量做到准确、协调、连贯。 2. 通过学练不断提高身体的协调性，增强下肢力量和弹跳力。 3. 通过学习增强学生集体意识，培养学生自信心和表现力。						
重点	左右脚配合跨跳过绳			难点		左右脚配合跨跳过绳	

内容结构	课的内容	次数	时间	组织教法与要求	教育内容
开始部分	一、课堂常规 1. 体委整队、报告人数。 2. 师生问好、宣布上课内容。 3. 提出要求、检查服装。 4. 安排见习生。	1	2	组织：四列横队密集队形（队形1） ×　×　×　×　×　× ×　×　×　×　×　× ×　×　×　×　×　× ×　×　×　×　×　× ▲ 要求：1. 集合做到快、静、齐。 　　　2. 听讲时注意力集中。	培养学生遵守纪律、朝气蓬勃的精神面貌和集体精神。
	一、队列队形练习 1. 三面转法。 2. 齐步走、立定。 二、绳操："你笑起来真好看" 　侧点运动 　体侧运动 　伸展运动	1	8	组织：四列横队密集队形（同队形1） 教法：教师口令准确、声音洪亮。 要求：1. 注意力集中。 　　　2. 步调一致，精神饱满。	培养学生的组织性、纪律性。

基本部分	三、游戏：运输小分队 游戏方法： 　　全班同学平均分为四组，每组7人，在游戏开始位置准备。游戏开始，每组同学将6根跳绳编织成网，1名同学负责收放托运物。准备完成后将托运物从起点运到终点，整个比赛结束，用时较短的组获胜。 注意事项： 　　1. 物体掉落，则整个队伍停止前进，将物体放回原位再继续前进。 　　2. 统一听从指挥，团结协作。	1	8	要求： 　　1. 学生练习时多用鼓励性语言。 　　2. 认真练习，不断挑战自我。 组织：四路纵队（队形3） 　　示例1： 起点　　　　　　　　终点 ▲ 教法： 　　1. 教师简单介绍游戏名称、方法和要求。 　　2. 统一指挥，公平评判。 要求： 　　1. 遵守规则，听从指挥。 　　2. 具有团结合作意识和竞争精神。	培养学生团结合作的精神和勇于挑战的勇气。
结束部分	一、放松舞蹈。 《走着走着花就开了》 二、课后小结。 三、师生再见。 四、归还器材。	1	4	组织：四列横队体操队形（队形4） × ▲ 教法： 1. 动作优美、自然。 2. 引导词及时、准确。 要求： 1. 注意力集中。 2. 态度认真，积极参与。	充分舒展身体，还原身心正常心率。 　　培养学生感受美、欣赏美的能力。

预计生理负荷曲线：

预计生理曲线

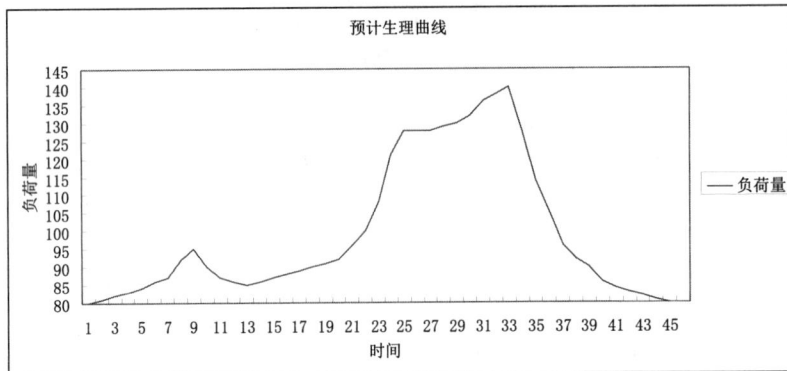

优盘一个，
音箱一个，
跳绳30根，
托运物8个，
标志贴若干。

预计练习密度：40%～45%；预计平均心率：120—140次/分

安全措施：

1. 精心设计布置场地。检查课上所用场地、器材不留安全隐患。加强课前的安全教育。

2. 课上教授学生自我保护和相互保护的方法，并亲自参与指导实施。

3. 及时制止不安全的动作，并提示所有学生不可模仿。

六、学习效果评价设计

1. 评价方式：学生自评、小组互评、师生共评。

2. 评价原则：激励性、综合性。

3. 评价量规：过程性评价；总结性评价；技能评价（量规如下）。

等级	优秀	良好	待进步
评价标准	动作组合可以完整完成2×8拍	动作组合基本完成2×8拍	动作组合可以完成，中间有间断

4. 评价角度：

从课堂组织纪律性、参与练习的积极性和练习态度、动作重难点的完成情况、同学间的交流合作等方面进行评价。

七、教学设计特色说明

1. 选用了颜色鲜艳（彩色）的短跳绳。主要的优势有以下三点：（1）颜色鲜艳，视觉上的冲击能有效激发学生参与的热情。（2）绳的重量适中，有利于较少手腕的负荷。（3）绳子较光滑，能有效减少空气阻力，增加摇绳的速度。

2. 一物多用。本节课将短跳绳用于主教材学习和游戏，不仅有利于主教材学习，更能激发学生对花样跳绳的练习兴趣。

3. 练习形式多样，比赛激起学生兴趣。本课教学过程中，设计了多种练习形式；在主教材部分运用比赛的形式，激发学生学习和运动的兴趣。

八、教学反思

我有幸参与了北京市基教研中心的视导做课，选取的教学内容是四年级的短跳绳组合：双脚变换跳组合（交叉步和侧点地步）。通过本节课的教学，不仅让学生们领略了体育的快乐，掌握了体育技能，提高了身体素质；同时还培养了学生的创新精神，满足了学生的表现欲，增强了学生的自信心。学生在学习花样跳绳中，掌握了花样跳绳的动作方法，提高了花样跳绳的动作技能，并体验了花样绳带来的欢乐。

发现问题比解决问题更重要。在本节课中，我为学生选用了颜色鲜艳的花样跳绳专用绳，鲜艳的颜色能激发学生的学习兴趣，学习氛围较好；教学过程中，我引导学生善于观察、积极思考，学生通过动体—动脑—实践—体验，在最初的合作中，主动去探索研究，学生会交叉步与侧点地步动作，在锻炼身体的同时，培养学生学会发现问题，解决问题，这种学习方式更主动、更积极，学生的学习兴趣更浓，思维也更活跃。通过分组展示，学生的自主能力得到很大提升，团结合作意识和集体荣誉感进一步得到增强。

通过这节课的教学，发现自己还有许多需要改进的方面：1.课的开始部分，可以把学生手中的跳绳利用起来开展活动，应该会有很好的教学效果；2.应更加注重单元教学的整体设计。应通过学年计划的整体规划，科学合理地制订学期计划、单元计划以及课时教学计划。单元教学设计得越合理、科学、缜密，学生的学习效果才会越高效，学生的综合能力提升得才越多。3.积极向老教师请教，学习、模仿并改进调整，不断完善并提升自己。

在今后的教学工作中，我会把反思作为突破口时刻督促自己改进、学习，把备课、上课的准备工作做得更加细致、具体，充分利用上课的40分钟时间，为学生的身心健康发展助力。

小足球——脚内侧推踢球

北京市房山区周口店中心小学　杨磊

一、指导思想

本课依据2011版《体育与健康课程标准》理念，树立"健康第一"的指导思想，促进学生健康发展。充分体现学生的主体地位，充分发挥教师的主导作用。结合三年级学生的生理、心理特点，通过趣味的挑战、游戏等练习形式，培养学生的体育意识，使学生在愉快、团结的学练氛围中激发对足球的强烈兴趣，积极主动锻炼身体，掌握一定的运动技能，增进身体健康，满足学生身心发展的需求和情感的体验。

二、教学内容

本课内容选自北京版三年级，体育球类教材《小足球——脚内侧推踢球》。

三、教学背景分析

（一）教材内容分析

1. 球类活动是学生喜爱的体育活动，也是有益于学生身体健康的体育活动。脚内侧推踢球，属于发展学生速度、灵敏和协调素质的教材内容，是在一、二年级足球游戏的基础上，学习基本的技术和动作方法。足球这项运动对于三年级学生来说难度还是较大的。因此，培养球性和兴趣仍是当前重要任务。脚内侧推踢球的动作学习，是为四年级的脚内侧运球等动作的学习做好铺垫。

2. 本课教学重点：踢球腿膝部外展，用脚内侧推踢球

教学难点：踢球腿外展，踢球时髋关节前送

（二）学生情况分析

本次授课班级的学生共33人，其中男生18人、女生15人。三年级学生活泼好动，对新鲜事物兴趣浓厚，能主动、积极参与体育活动，并能在活动中愿意表现和展示自我，可是对于重复性的练习很快就会失去兴趣。通过本单元的第一课次教学，大多数学生能较好地完成脚内侧推踢球动作，但踢球腿膝关节外展和向前送髋的动作还需要进一步改进和提高。针对三年级学生的特点，我在教学中采用闯关挑战的练习形式，激发学生的学习兴趣，从而使学生更好地掌握动作方法。

四、单元课次：

《小足球——脚内侧推踢球》单元教学共4课。本课为第2课。

课次	教学目标	教学重点	教学难点
一	通过学习，使学生初步掌握脚内侧推踢球的动作方法，较好完成踢球腿膝关节外展和髋关节前送动作。	踢球腿膝部外展，用脚内侧推踢球。	踢球腿外展，踢球时髋关节前送。
二	进一步学习脚内侧推踢球的动作方法，改进膝关节外展和髋关节前送动作。	踢球腿膝部外展，用脚内侧推踢球。	踢球腿外展，踢球时髋关节前送。
三	进一步掌握脚内侧推踢球的动作，改进支撑腿与踢球腿的衔接动作。	支撑腿与踢球腿动作衔接要协调。	动作协调、连贯。
四	进一步巩固脚内侧推踢球的动作，提高动作协调性、连贯性，并进行成果展示。	支撑腿与踢球腿动作衔接要协调。	动作协调、连贯。

《小足球——脚内侧推踢球》教学计划

教材内容：1. 小足球——脚内侧推踢球　　2. 游戏：蚂蚁搬家		

教学目标：1. 进一步学习脚内侧推踢球的动作方法，改进膝关节外展和髋关节前送动作。
　　　　　2. 通过学习，发展学生的速度、力量、灵敏、协调等身体素质。
　　　　　3. 培养学生机智果断、团结合作的品质及对足球运动的兴趣与爱好。

部分	课的内容	次数	时间	组织教法与要求	教育内容
开始部分	1. 整队，报告人数。 2. 师生互问好。 3. 宣布本课内容。 4. 提出要求。 5. 检查着装。 6. 安排见习生。	1	2′	×××××× ×××××× ×××××× ×××××× ▲ 要求：队形整齐、精神饱满。	培养学生良好的上课习惯。
准备部分	一、队列练习 1. 原地三面转法。 2. 齐步走、立定。 二、准备活动 　足球操。	1	8′	要求：精神饱满、队列整齐、练习认真。 ×××××× ×××××× ×××××× ×××××× ▲ 组织：教师带领学生进行热身活动并根据本课内容进行专项活动。	培养学生的集体荣誉感及组织性、纪律性。 培养学生安全运动的意识。
基本部分	一、小足球——脚内侧推踢球 动作方法： 　支撑脚踏在球侧15厘米处，脚尖朝向传球方向，踢球腿在摆动中膝关节外展，脚掌绷紧与地面平行，用脚内侧击球的后中部，采用推送或敲击的方法将球踢出，同时髋关节前送，完成踢球动作后，要保持踢球腿的跟随动作与传球方向一致，以保证传球的准确性。			一、组织： 　创设情境：老师设计了三道关卡，今天我们一起进行闯关练习，希望大家都能够顺利通关，有没有信心？ 　1. 教师出示脚内侧推踢球的图片，讲解动作要点及易犯错误。 支撑→　膝关节外展　　脚内侧踢后中部　　髋关节前送	培养学生对体育活动的兴趣、主动参与活动的态度与行为。

基本部分	重点： 踢球腿膝部外展，用脚内侧推踢球。 难点： 踢球腿外展，踢球时髋关节前送。	1	17′	2. 教师进行正面、侧面示范。 3. 组织学生进行闯关。 要求：练习认真，动作标准，注意安全。 第一关：两人相距两米进行脚内侧推踢球练习，教师巡视指导，纠正动作。 第二关：两人相距四米进行脚内侧推踢球练习，教师巡视指导，并选出优秀组进行展示。其他组观看后继续通过练习，改进完善动作。 ×××××× ↕↕↕↕↕↕ ×××××× ▲ 教师利用从一到三报数的方法，通过踏步将队形变换成三横排，前后三人为一组进行第三关挑战练习。 第三关：前后三人一组，第二排同学进行开合跳，口令为"开开合"。第一排同学找准时机将球踢出，经过第二排同学胯下传给第三排同学，然后第一排同学与第二排同学交换位置，第三排同学将球以同样的方法传回给第一排同学，然后与第二排同学交换位置，三人轮流进行挑战练习。教师巡视指导，并选出优秀组进行展示。其他组观看后继续通过练习，改进完动作。 ××××××× ××××××× ××××××× ××××××× ▲ 二、学生活动 1. 观察图片及教师的示范动作，明确动作要点。 2. 在教师的指导下进行闯关挑战练习，在练习过程中体会支撑、膝关节外展、脚内侧踢球、髋关节前送的动作。	培养学生机智果断、团结合作的品质及对足球运动的兴趣与爱好。
	二、游戏：蚂蚁搬家 游戏规则： 1. 利用四肢协调配合行进。 2. 足球在行进中掉落，原地捡起放好后继续进行比赛。	2	8′	组织： 1. 教师讲解游戏方法和规则。 2. 指导学生进行游戏。 要求：遵守规则，注意安全。 学生活动： 明确要求和规则，安全有序地进行游戏。	培养学生守规则的习惯及安全游戏的意识。
结束部分	1. 放松活动。 《拉伸动作组合》 2. 小结、下课。 3. 收拾场地和器材。	1	5′	1. 师生在音乐的伴奏下进行放松 2. 鼓励表扬练习认真的同学，总结本课学习情况	培养学生反思、总结的习惯。

教具	足球27个、播放器1个。	运动量曲线预计	40% ~ 45%	练习密度预计。

六、学习效果评价设计

1. 评价方式：学生自评、小组互评、师生共评。

2. 评价原则：激励性、综合性。

3. 评价量规：过程性评价、总结性评价。

4. 评价角度：从课堂组织纪律性、参与练习的积极性和练习态度、动作重难点的完成情况、同学间的交流合作等方面进行评价。

七、教学设计特色

1. 节奏强劲的音乐配合足球操，让学生注意力集中，激发学生学习兴趣，为主教材的教学做铺垫。

2. 过于重复的练习易让学生感到枯燥，所以我采用闯关的模式组织学生进行练习，由易而难的设计让每一关都能激发学生的挑战欲望与参与热情，让他们积极地投身到练习当中，更好地突破重难点，掌握动作方法。

八、教学反思

本课通过"足球操"、闯关挑战、游戏"蚂蚁搬家"的设计，充分调动了学生的积极性，让学生浓厚的学习兴趣覆盖了整节课堂。在这种轻松、愉悦的氛围中，学生的练习积极主动，闯关挑战保证了练习密度，充分体现了学生的主体地位，很好地突破了本课的重点难点，完成了教学目标。

不足之处：

1. 课堂中没有做到很好地关注、指导每一个学生。

2. 在语言的表述上，未做到更加精炼。

3. 在课堂练习当中，还要多关注学生左右脚的协同发展。

跳短绳——两脚依次跳

北京市房山区周口店中心小学 黄战丽

一、指导思想

本次课以'健康第一'的精神为指导思想，以《体育与健康课程标准》为理论依据，以跳短绳–两脚依次跳运动技能为载体。结合一年级学生的心理和生理特点，在教学中发挥教师的主导作用，突出学生的主体地位，关注学生的个体差异，力求做到人人参与体育运动，人人体验成功的乐趣。

二、教学内容

2012人教版《体育与健康》。

（1）跳短绳——两脚依次跳。

（2）投掷游戏——"枪林弹雨"。

三、教学背景分析

1. 教材分析

内容特点：跳短绳是小学低年级教材的主要教学内容，是以上下肢活动为主的全身运动项目。两脚依次跳短绳，节奏感强，锻炼效果好，深受学生的喜爱。

价值分析：发展身体的灵敏性、协调性及判断力、弹跳力和控制身体的能力。培养学生果断、机敏和顽强拼搏的精神。

设计"枪林弹雨"游戏，培养学生团结协作的精神，增强学生的上肢力量，提高身体的协调能力，促进学生的身心健康。

（1）教学重点：手腕放松摇绳，两脚依次跳过。

（2）教学难点：前脚掌轻着地，上下肢协调配合，连续跳绳。

2. 学生情况分析

一年级的学生活泼好动，模仿能力强，能够积极参与活动。本次授课班级的学生共27人，学生的身体状况较平均，体质较强健，运动能力较强，对体育运动有浓厚的兴趣。跳绳基础较好的学生有8人，能够起到引领示范的作用，有4名男生动作协调性稍差，教学中要多加关注、指导。

四、单元课次

本年级"跳短绳——两脚依次跳"单元共设2课次，本次为第1课次。

课次	技　能　目　标	教学重、难点
1	学习跳短绳－两脚依次跳，了解两脚依次跳的动作要领。	重点：手腕放松摇绳，两脚依次跳过。 难点：前脚掌轻着地，上下肢协调配合，连续跳绳。
2	巩固提高练习跳短绳－两脚依次跳 进行表演、展示。	动作连贯、协调。

五、"跳短绳——两脚依次跳"课时教学计划

教学内容	1. 跳短绳－两脚依次跳 2. 投掷游戏："枪林弹雨"			班级	一（4）班	人数	27	课次	第1课次
教学目标	1. 了解正确摇绳及两脚依次跨跳的动作方法，使学生基本掌握动作方法和技能。 2. 通过学练提高身体的协调性，增强下肢力量和弹跳力。 3. 激发学生参与跳绳锻炼的兴趣，培养学生团结协作，果断、机敏的品质。								
重点	手腕放松摇绳，两脚依次跳过			难点		上下肢协调配合，连续跳绳			

内容结构	课的内容	次数	时间	组织措施与要求	教育内容
开始部分	一、课堂常规 1. 集合整队； 2. 报告人数； 3. 师生问好； 4. 教师宣布本课内容； 5. 检查服装； 6. 安排见习生。 二、队列练习 1. 三面转法； 2. 原地踏步走、立定。	1	2	组织：四列横队 Ｘ Ｘ Ｘ Ｘ Ｘ Ｘ Ｘ Ｘ Ｘ Ｘ Ｘ Ｘ ＯＯＯＯＯＯ ＯＯＯＯＯＯ ▲ 要求： 1. 集合快、静、齐； 2. 口号洪亮、队列整齐。	精神饱满，队伍整齐。
准备部分	三、热身活动 绳操："你笑起来真好看" （1）侧点弓步运动； （2）伸展开合运动； （3）体侧运动； （4）侧点弓步运动； （5）伸展开合运动； （6）跳跃运动； （7）弓步跳运动； （8）整理运动。 四、辅助练习 游戏："开心跳跳跳" 1. 原地跑步跳练习； 2. 行进间跑步跳练习。	1 2	4 4	组织：成半圆形队 ▲ 教法： 1. 教师讲解动作要领并示范； 2. 组织练习并领做。 要求： 1. 注意力集中，动作优美； 2. 充分做好准备活动，预防受伤。 教法： 1. 教师讲解动作要领并示范； 2. 组织练习并领做。 要求： 1. 听从指挥、注意力集中； 2. 充满热情、积极参与。	激发兴趣，积极练习。

五、跳短绳——两脚依次跳

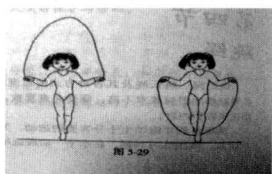

图 3-29

1. 动作方法：

两手握绳的两端，由后向前摇绳，当绳摇到体前时，左（右）脚在前跨过后，右（左）脚随即跳起，绳从两脚下依次摇转过去，连续进行。

2. 动作要领：

摇一次绳，两脚依次过绳。

3. 辅助练习：

（1）左手摇绳依次跳练习；

（2）右手摇绳依次跳练习；

（3）双手摇绳并脚跳练习；

（4）双手摇绳依次跳练习。

注意：掌握动作要领，

把握动作节奏。

六、投掷游戏："枪林弹雨"

游戏方法：

全班学生平均分为两大组、四小组。面对圆心成正方形位置站好。发令后，1组队员快速跑向2组进行击掌并站好，2组队员迅速跑到1组位置。此时3、4组队员分别用小沙包投击1、2组队员。1、2组队员在场内机智地躲闪。如果被击中，依据人数扣除本大组相应分数。本轮结束后，1、2组队员和3、4组队员互换任务。得分高的大组为胜。

| 基本部分 | | 5 | 20 | 组织：成半圆形队 | 超越自我，勇于拼搏。 |

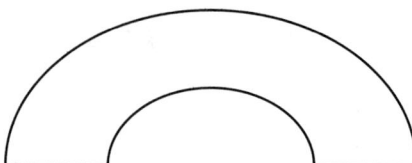

▲

教法：

1. 教师讲解并示范完整动作；

2. 教师讲解示范分解动作，学生模仿练习；

3. 教师领做并口令指挥；

4. 学生练习；

5. 教师巡视指导纠错；

6. 优生示范；

7. 学生分组练习、比赛；

8. 集体表演、评价、小结。

要求：

1. 听从指挥，规定时间内完成动作；

2. 注意观察，积极参与；

3. 注意安全，保持安全距离。

认真守纪，遵守规则。

2   6

组织：成正方形

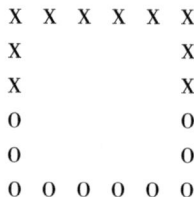

```
          X X X X X X
         X              X
         X              X
         O              O
         O              O
          O O O O O O
```

▲

教法：

1. 教师讲解游戏方法和规则；

2. 学生分组进行比赛；

3. 教师宣布比赛成绩，并进行小结。

要求：遵守规则，注意安全。

结束部分	七、整理放松（好宝宝放松舞蹈） 深呼吸调整，放松身心 八、集合小结 九、布置作业归还器材 十、师生再见	1	4	组织：成正方形 X X X X X X X 　　　　 X X 　　　　 X O 　　　　 O O 　　　　 O O O O O O O ▲ 教师领做： 跟着音乐节拍，放松练习 要求：动作自然，充分放松	有始有终，积极放松。
	安全措施： 1. 精心设计布置场地。检查课上所用场地、器材不留安全隐患。加强课前的安全教育。 2. 课上教授学生自我保护和相互保护的方法，并亲自参与指导实施。 3. 及时制止不安全的动作，并提示所有学生不可模仿。			预计生理负荷曲线： 预计练习密度：35 ~ 45%	场地器材：标志物若干、优盘一个、音箱一个、跳绳35根、沙包20个。
	课后小结：				

六、学习效果评价设计

采用学生自评、学生互评、教师评定相结合的评价手段，让学生相互学习、共同进步。

七、教学设计特色说明

1. 精心布置场地，激发学生参与的热情。

2. 练习形式多样性，提高练习效率。

八、教学反思

通过本节课的教学，既体现了由易到难、由简单到复杂的活动过程，又引导学生自由探索并进一步掌握《跳短绳——两脚依次跳》的动作方法；既能增强学生的腿部力量，提高身体的协调性与灵敏性，又能让学生从中体验到运动带来的快乐。

1. 在本节课中有以下的具体做法和感悟：

（1）给每一个学生提供练习机会，学生在活动过程中都能够积极练习。

（2）把促进学生发展作为活动设计的落脚点。准备活动练习绳操，充分活动，预防受伤。教学过程设计小游戏导入，利用比赛、挑战赛的形式进行练习，激发学生的兴趣，提高练习效率。设计投掷游戏"枪林弹雨"，使学生上下肢得以协调发展，全方位锻炼。整理活动采用轻柔的音乐进行放松，让学生身体迅速恢复到安静状态，达到锻炼身体的目的。

二、不足与改进之处：

在教学中，以讲解示范为主要教学方法，教学模式单一、缺乏新意，学生对体育练习的兴趣没有被充分调动起来。针对这种现象，要改变教学方法，设计新颖独特、有趣味性的游戏法、比赛法等来激发学生练习的兴趣，调动其参与的积极性。

在练习中，学生注意力不易集中，不能很好地完成教学任务。针对这种现象，要根据学生的身心发展特点进行教学，制订适合一年级学生的教学方案，从而使学生能够融入教学活动。在练习中，有部分学生不能很好地与同伴交流合作。针对这种现象，要细心做工作，正确引导学生和睦相处，友好合作，共同进步。

在今后教学中，要正视自己的问题，在提高自己的专业技能及教学水平的同时，多鼓励教育学生，培养学生的自信心。

第八节 劳动技术学科

煮面条

北京市房山区周口店中心小学 郝翠娟

一、指导思想与理论依据

这节课属于家政教育，《课标》对家政教育有明确要求。

"家政"领域是指学生通过日常生活劳动的锻炼，如烹饪、洗涤、家电的使用、保养和维修，财物的管理和使用等，掌握生活必备的基础知识和基本技能。体验生活学习的乐趣，学生应达到以下目标：

第一，学习日常生活基本技能，形成主体意识，提高学生的生活自理能力和责任感。

第二，学会使用家电，了解家电保养、维修的有关知识，增强学生安全用电、节约用电的意识。

第三，通过调查、讨论、设计、购物等活动形成初步的勤俭持家意识。

"家政"学习旨在强调学生的实践操作与亲身体验，不以单纯的知识、技能传授为目的，而是要贴近学生不同年龄阶段的身心发展特征与劳动技术学习的实际水平，贴近学生的生活，让学生在生活中学习、学习生活，提高学生的生活能力。

劳动技术课程立足于全面培养学生的技术素养、强调设计、重视操作，开发学生的手脑潜能，提高学生的创新精神和实践能力。随着科学技术日新月异的发展，计算机应用以惊人的速度向各领域渗透，展示其不可替代的优势。劳动技术教育与信息技术不可分离，信息技术服务于教学。以多媒体教学为中心的信息技术飞速发展和普及，给劳动技术教学带来一场革命，为学生提供一个良好的学习环境。利用多媒体形象的画面、丰富的互动性，可以使教学变得丰富而有趣。信息技术引进劳动技术课堂教学，有效地激发学生的学习兴趣，调动学生的主动性、积极性、参与性，充分发挥学生的主体意识，提高教学质量，丰富了教学内容与教育方式，培养了学生的信息素养和信息意识，从而培养终身学习的能力。

教学背景分析：

"煮面条"是小学劳动技术课程烹饪技术的内容，烹饪技能是现代人应具备的素质，教材以培养科学的饮食习惯、适应现代化生活为主，重视激发学生学习的兴趣。传统的教学大多学习方法单一、乏味，学生被动地接受学习，教学效果不是很理想，尤其是学校不具备学生实操的烹饪条件，所以本节课我尝试将劳动技术与信息技术整合，利用现代信息技术的优势，营造学生喜闻乐见的教学氛围，集文字、图像于一体，为学生主动参与提供了广阔的空间，同时使教学内容更贴近生活，更接地气，在教学中起到事半功倍的效果。在劳动技术学科中应用信息技术可充分发挥多媒体的直观性、形象性、重现性和参与性，极大地提高教学效果。另外，设计以学生的发展为主线，以小组合作方式认知煮面过程的相关知识以及拌面的知识，再利用各种信息资源和现代化手段，主要围绕学生信息的获取、情感的体验、合作能力的提高等方面进行，使学生的学习内容更加丰富多彩，更具有时代气息，实现学生综合素质整体性提高。

二、主题活动背景分析

随着社会的发展，人们的生活有了很大的改变，我所在的学校虽在农村，但很多家长都有工作，并不能每日三餐都把孩子照顾得很妥帖，很多孩子要面对自己应付晚餐或者午餐的现实。对于六年级的孩子来说，他们有能力进行简单的烹饪制作。所以有必要在课堂上让学生学习一些烹饪技巧，并注重拓展，使学生能根据不同情况选择恰当的方法进行烹饪，了解煮面的时间以及下面的时机，使所学能为生活所用。

三、活动目标

1. 了解煮面的常识，初步学会煮面的时机以及时长等技能。

2. 培养学生收集分析、整理、应用信息的能力及对烹饪技术的兴趣。

3. 激发学生服务他人的意识。培养学生团队协作、互帮互助的精神。

四、整体教学流程

活动一：谈话导入。

提问：除了米饭，生活中还有哪些主食？

学生说出自己家中的主食种类，以此导入煮面条的课题。

活动二：学习煮面条的步骤。

一）了解面条的品种

1. 让学生说说自己知道的面条种类。

2. 课件出示一些市面上见得到的面条。

3. 让学生摸一摸样品，了解不同种类的面条含水量不同。

二）学习切面的煮法

1. 学生分别说出自己知道的煮面条的步骤还有注意事项。

2. 小结煮面条的步骤。

准备工作：

把洗干净的锅放到火上，然后加上适量的水。（强调水不要太多，水过多在煮面时容易溢锅；水也不能太少，太少淹不过面条，煮出来的面容易黏稠）

边播放视频，边让学生进一步了解步骤以及注意事项。

第一步：点火烧水。（强调一定要看着火着起来，避免燃气泄漏造成危险）

（如果手擀面）待水开锅，放少许盐。（如果学生没说到，在后面小结时候强调）

第二步：下面、拨动。

轻轻地将面条放入水中，并用筷子轻轻拨动。（强调放入面条的时候不要用力扔进去，同时避开水汽，以免烫伤。如果人多，需要面条比较多，可以分多次煮，不要一次放入过多，以免煮起来水少，导致煮好的面条过于黏稠。挑动的时候动作要轻缓，更要注意别烫着自己）

面条放入锅中后，盖好盖子。（强调盖好盖子之后就不要离开了，要关注锅上的变化，以防扑锅）

发现锅里有水汽冒出的时候，把锅盖打开。（视频停止，让学生说说此处应该注意些什么，强调掀锅盖的时候要注意要把锅盖挡在自己前面，不要让热气烫着自己，教师示范）

第三步：水开后，用筷子拨动面条，加凉水。

一般把我们平时用的一小碗水分两次添加就够了。

第四步：水再开一次，第二次加凉水。

第五步：水开、关小火，再煮一小会，关火捞面。

（捞面要注意一次不要捞得太多，可以左手拿笊篱，右手拿筷子，用筷子往笊篱里挑面，稍微控下水，然后直接放到碗里，或者捞到事先放好凉水的盆子里，然后再捞到碗里。提示可根据个人口味或者年龄不同，自行调控煮面时间）

3. 教师适时引导提示：煮手擀面时，待水开后先加少许盐（每500克水加盐15克），再下面条，即便煮的时间长些也不会黏糊。

4. 出示操作错误的视频，让学生加深对煮面的步骤的认识。

提醒学生捞好面顺便把灶台收拾下，养成爱整洁的习惯。让学生把煮面条的主要步骤写在学习单上。

活动三：了解煮挂面的方法。

1. 学生说说自己家煮挂面的方法。

2. 教师提示：

1）煮挂面时不要用大火。因为挂面本身很干，如果用大火煮，水太热，面条表面易形成黏膜，面条易被煮成烂糊面。

2）煮挂面时不应当等水沸腾了再下挂面，而应在锅底里有小气泡往上冒时下挂面，然后搅动几下，盖好盖，等锅内水开了再适量添些凉水，等水沸了即熟。这样煮面条速度快，面条柔而汤清。相反，如果水沸了再下挂面，面条表面易黏糊，水分、热量不能很快向里渗透、传导，再加上沸水使面条上下翻滚、相互摩擦，这样煮出的面条外黏、内硬、汤糊。

活动四：了解面条的不同口味以及菜码。

1. 学生说说自己知道的面条的不同口味以及菜码。

2. 教师简单小结。

活动五：拓展。

出示市场各种面的图片，让学生了解半成品面条的包装上都有食用方法，在没人指导的情况下可参看食用方法去煮面。

五、教学过程分析

随着生活水平的不断提高，市场上出现了很多半成品食品，面条也不例外，所以安排了活动一，让学生了解各类面条食品，同时也为最后拓展做铺垫。又由于学校条件所限，无法进行"实操"，而大多数学生的烹饪技能也仅限于泡面，所以在第二个活动环节安排了视频指导。活动三的安排是完成湿度不同的面条煮法的教学，同时也为了让学生能举一反三，针对不同品种的面条能根据不同的要求调整煮面的方法。活动四与活动五都是为了贴近学生生活，让学生能活学活用，并能根据说明完成食品制作。

六、教学效果分析

由于课前准备不充分，对学生烹饪技能水平不够了解，致使有些环节拖沓，影响了整体进度，使后面的环节进行得不够充分。另外，由于自己与生活脱节，对市场上的半成品食品了解不够，致使有些问题不能准确给学生答案，只好让学生根据包装上的说明进行烹制，虽然是在提升学生的探究能力，但也凸显了自己不能与时俱进、没有深入了解生活的问题，这对于教学劳动技能是大忌。

通过专家点评，我认识到每一堂课要想让学生真正有所得，自己对知识必须深入研究，尽可能提供可观可感的直观画面或者操作实践。另外生活技能课因为家庭的各种差异，本身就不好讲，因此在设计的时候需要更加走心，要贴近生活，要了解学生的生活现状以及生活能力，从而更好地进行教学。

第九节　信息技术学科

基本信息			
姓名	韩进峰	学校	北京市房山区周口店中心小学
学科	小学信息技术	教科书版本及章节	小学信息技术第三册第三单元
年级	五年级	课题	程序的循环结构与条件判断
教学内容分析			
本课时是Scratch 3程序设计系列课程的第三课时，第一课时是认识Scratch 3的界面，角色、舞台的更换和更改，模块库等内容，第二课时是辅助学生认识"变量"，简单的算术运算模块，程序启动模块等，初步学会构建简单程序，其中设计一个完整的程序构建任务，用"砍足法"解《鸡兔同笼》问题。 本课时辅助学生认识程序的三种基本程序结构之一——循环结构，着重理解循环结构的含义、有限循环和"死循环"的概念，掌握控制模块库中涉及循环的几种模块的使用方法和环境。 在本课时中设计四个学习任务，分别是初步理解"逻辑运算"模块组中的"与，或，非"的含义，初步掌握"关系运算"模块组的使用方法，构建《鸡兔同笼》问题的为可计算问题（一元一次方程的程序设计），拓展任务是构建二元一次方程的程序设计。最终达到培养学生运用计算思维解决实际问题的意识和能力。			

学习目标确定	
知识与技能： 　　学生需要理解循环结构、比较与逻辑运算的含义，掌握循环结构的使用环境和终止条件——等式是否成立，即布尔值。 **过程与方法：** 　　学生通过理解循环结构的含义和条件判断的"值"含义——循环终止条件，在学习的过程中逐渐掌握循环结构在程序设计中的使用环境——"需要重复执行某些语句"——循环体和终止条件。 **情感、态度、价值观：** 　　激发学生探索程序设计的兴趣和热情，在编程的过程中培养认真和严谨的态度，端正学生对 Scratch 程序设计课的认识，Scratch 不仅可以做游戏，还能帮助学生学习数学知识，对程序设计课有自己的正确价值判断。	
重点：理解循环结构的含义，掌握循环结构的使用环境和终止条件。 **难点**：循环结构的终止条件。	

学习活动设计	
教师活动	学生活动
环节一：导入	
教师活动1 播放《鸡兔同笼》微课，师生共同回顾上次课的程序设计过程。 教师板书： 已知： 头：20 足：54 未知： 鸡：? 兔：? 谁还记得我们设置了几个变量？（学生可能已经忘记，这里教师提示已知需要几个变量，未知需要几个变量） 上次课用的是"砍足法"的算术计算解题。 教师出示计算过程： 兔＝足÷2－头 鸡＝头－兔 这个计算过程不好理解，本次课我们学习一种好理解的解题方法。	学生活动1 学生观看微课，师生回顾上次课过程。 学生回答：4个，或不知道。
环节二：探索新知	
教师活动2 任务一：（从现实中的问题师生共同推导出可计算问题——解题方程式） 从"鸡兔同笼"问题推导出解题方程式。 假设：鸡为 c 只，那么兔即为 20－c 只。 根据已知可以推导出下面的等式。 $c \times 2 + (20 - c) \times 4 = 54$ 转换成计算机的运算等式为： $c * 2 + (20 - c) * 4 = 54$ 同学们，在 Scratch 中你们能搭建出程序的运算结构吗？ 任务二：（从可计算问题衍生出程序运算结构）从方程式构建 Scratch 运算结构。 教师提示：我们需要用到多种运算模块，同学们一定要注意各个运算模块之间的运算优先级，注意模块之间叠加的层级顺序，算术运算模块之中还有括号的含义。 教师巡视课堂，针对问题及时发现并做出指导或示范。	学生活动2 学生与教师共同推导求解方程式。 转换为计算机的运算表达式。 能或不能，如果不能，由教师辅助学生完成程序的运算结构。 学生根据方程式构建程序运算主体结构部分。

刚刚你们构造的运算结构体，有没有同学发现，运算模块组合边缘是"弧形"的，但是当你把运算结构体放在"等于"模块里，它的形状变成了边缘是"三角形"的，为什么？	学生展讲。
这样形状的结构在Scratch程序中是很常见的，它具有"条件判断"的含义在里面。	因为前面的运算结构需要等于后面的数字。
怎样理解这个"等于"呢？ 类似这样的结构在程序设计中，我们称之为"条件判断"，具体到这个表达式它称为"判等表达式"，这里的"等于"实际上应该读作"恒等于"。	前面的计算是否"等于"后面的值。
整个表达式是否成立的结果用一个值"真"或"假"进行描述。 整个运算过程我们称之为"逻辑运算"，我们一起看一个视频短片《逻辑运算》。	
同学们，你们设计的运算模块组部分已经完成，但你们想一想，现在计算机可以执行这个运算吗？	学生观看微课。
为什么？	不能。
现在你们初始化变量，并把程序构建完成。	变量没有初始化。
你们现在试一试能不能正确地算出结果？	学生完成构建程序，并初始化变量。
任务三：(从简单运算结构深入到完整的解题程序)引入循环结构，完成程序的调试。	不能。
有一个解题思路，你们想想，c这个变量是不是就是0到20之间的某个数？我们可不可从0到20一个个地试，"直到"某个数使等式成立，即逻辑值为"真"？	学生思考。
你们在控制模块组中找一找有没有类似功能的模块。 模块的文字是什么？	部分学生首先回答，这个方法可以。
	找到了。 "重复执行直到"。

拖出来，放在我们的解题程序中，怎样组合谁想到了？为什么？ "重复执行"又可以称之为"循环"或"循环结构""循环体"等。我们看一段视频《循环结构》。	学生回答：放在菱形框中，因为只能放在这里。
现在同学们已经理解了什么是"循环结构"了，接下来就是完成自己的程序，调试运行正确。 教师巡视，根据情况个别辅导。	
任务四(拓展任务)： 替换循环模块，扩张循环模块的认知范围。 同学们，你们的解题程序已经完成了，也能正确算出"鸡兔同笼"问题的答案。	学生完成并调试程序。
你们有没有想过，难道解题程序就只能这样设计吗？	学生展讲自己的程序。
你们找一找控制模块组中还有没有具有"重复执行"功能的模块，如果有，你们把它拖到程序设计区。	
	学生思考。

现在你们思考一下，你们的程序执行的过程实际就是反复"试错"的过程。那么我们可不可以在循环体运行过程中加一个控制模块，当循环体执行"试错"过程中，程序找到了正确答案——变量"c"的值为"13"，循环自己停止？ 用刚刚找到的具有循环功能的模块，把我们的程序修改一下，并让它继续正确执行。 教师巡视，个别指导。 教师活动3 任务五（飞跃任务）：嵌套循环求解"鸡兔同笼"问题。 设：鸡为c，兔为r。 $\begin{cases} c+r=20 \\ c*2+r*4=54 \end{cases}$ 你们尝试一下，这个计算过程怎么用程序描述出来？	学生探索实践。 学生调试程序。 展讲修改过程。 学生活动3 学生试说程序设计思路。（教师在这里可以提示一个变量用一重循环，那么两个变量呢）

板书设计

一、条件判断 1. 关系运算 2. 逻辑运算 二、求解《鸡兔同笼》问题 1. 运算结构 2. 循环运算结构	已知： 头：20　足：54 未知： 鸡：?　兔：? $c \times 2 + (20-c) \times 4 = 54$ $c*2+(20-c)*4=54$

教学反思与改进

反思：

本课时在落实培养学生计算思维的目的上，达到了设计之初的效果，在重点和难点的把握上效果显著，学生学会并掌握了学习内容，师生之间的交流充分并条理清晰，教师提出的问题恰当和具有启发性，学生在回答问题的时候产生分歧，对于批判性思维的培养也具有促进作用。

本课时在最后任务环节未完全展开，课时最后环节的时间把控有待进一步加强。课时前期的师生交流时间略长，造成后期任务的完成时间偏少。

后续弥补措施：

教师在备课时适当降低任务难度，精简任务量，在充分了解了学生年龄和认知特点的基础上，把握课堂环节的时间，控制交流时间和精炼问题语言和评价等。

第三章　光彩课堂教学论文、案例、教学故事

用心创设情境，提升英语课堂魅力

北京市房山区周口店中心校瓦井小学：康清华　孙成志

提要：英语学科核心素养是欧盟的框架中八大核心素养之一，它包括语言能力、思维品质、文化品格和学习能力四个方面。北京版教材的主要特点：注重语言学习基础，强调语言能力培养，侧重单元整体设计，重视文化异同的比较。教材内容选择更贴近学生生活，呈现方式灵活多样，易激发学生学习兴趣。教师要结合孩子实际情况，运用多种方式在课堂上给孩子创设出不同的场景，让学生作为学习的主体，在真实场景中去体会中西方文化的异同。

一、核心素养概念

英语学科核心素养是欧盟的框架中八大核心素养之一，它包括语言能力、思维品质、文化品格和学习能力四个方面。语言能力就是用语言做事的能力，涉及语言知识、语言意识和语感、语言技能、交流策略等；思维品质是思考辨析能力，包括分析、推理、判断、理性表达、用英语进行多元思维等活动。文化意识重点在于理解各国文化内涵，能理解并尊重文化差异。学习能力主要包括元认知策略、认知策略、交际策略和情感策略。

二、现阶段小学英语现状

（一）学生口语能力不强

英语是一门实践性很强的学科。它是一个包括听、说、读、写的操练和语言信息输入输出的实践过程。但是目前体制下的英语教学强调听、写比较多，忽略了对口语的培养，学生对于口语交际的意识也比较薄弱，因此学生需要在运用语言的活动中去感知、分析、理解和操练。这就需要在课堂中创设大量的教学情境，使学生从中加深理解、熟悉运用、牢固掌握，达到学以致用的目的。

（二）忽略文化在英语学习中的重要性

每一种语言的形成都跟这个国家的文化、经济发展水平、人文历史有关，语言与文化有着密切的联系。了解国外的一些文化有利于提高学生学习英语的兴趣、帮助学生理解知识点，以及提高学生的阅读与交际能力。

（三）忽略英汉思维的差异性

汉语和英语在表达方式、思维方式上是有很大差异的。小学阶段学生的思维习惯还没有完全形成，学生容易用定向思维去学习英语，这会影响孩子们学英语的能力。

（四）自主学习能力差

中国传统的教育方式更多偏向教师的"教"，学生处于被动地位。尤其是小学阶段，学生年龄小，课堂上忽略了学生是学习的主体。忽视了学生自主学习能力的培养。

三、教材特点

我所在学校使用的是北京版《义务教育教科书 英语 （一年级起点）》教材。教材基于促进学生全面发展的基本理念，以培养学生的综合语言运用能力为目标。教材编写以话题为纲，以交际功能和语言结构为主线引导学生开展语言实践活动或完成具有一定实际意义的语言任务。北京版教材的主要特点：注重语言学习基础，强调语言能力培养，侧重单元整体设计，重视文化异同的比较；教材内容选择更贴近学生生活，呈现方式灵活多样，易激发学生学习兴趣。

四、学情分析

我所在的学校是一所农村学校，孩子们性格淳朴、可爱。大部分学生比较喜欢英语课，学生主动学习英语的积极性较高，但课余时间对英语的接触机会几乎为零。这些孩子平时喜欢唱歌，善于模仿，愿意说英语，但英语的表达能力不强，发音不够准确。个别学生英语课上积极性不高，不爱张嘴说话，课下作业的完成需要家人陪同督促。家长多在外上班，孩子由家里老人照顾，课后没有家长陪同学习的氛围。

五、教学实施

结合孩子们的实际情况，我来具体说一下，教学中我是如何创设不同的情境，引领学生共同突破学习中的重难点，进行语言交际的：

（一）使用实物、图片、直观教具创设生活化情境

学习天气和衣服词汇时，我用动图展示给学生不同的天气状况，给学生视觉上的刺激，激发其兴趣，加深其印象。用学生身上穿的夹克、毛衣、棉手套和提前准备好的儿童雨衣直观地展示给孩子衣服类词汇的含义，在贴近孩子生活的情景中，学习新知，孩子会乐学爱学。学习raincoat这个词汇时，我拿一件班里孩子的外套对比着教学，学生从中感悟coat与raincoat的区别，这样做使本来枯燥的词汇教学变得异常有趣。

使用实物、图片、直观教具创设生活化情境

动图展示，激发兴趣，加深印象。

（二）把身体语言带入课堂，创设真实语言情境

学习功能句"I can put on my new raincoat."时，我从和学生的简单英语对话入手，我问孩子："What's the weather like today？"一个学生告诉我："It's cold."我继续说："Oh！It's very cold. I can put on my coat."说话的同时我会做出夸张的动作并用夸张的语调，表现出很冷的感觉，在说到"put on"这个词汇时做出穿衣服的动作，这样孩子从真实的语言情境中理解了"put on"的含义。

在肢体语言的配合下，情感目标的呈现就更为直观和具体了。比如讲解句子"Where are you from？""I'm from China."时，我昂首挺胸，声音洪亮，让学生从中理解到"我是中国人"的自豪感，学生也纷纷模仿我的样子自豪地说："I'm from China."这种肢体语言不仅给学生传递了语言的信息，而且能表现出有声语言难以表达的更丰富、更复杂、更微妙的内涵，让学生在掌握知识的同时升华了情感，也培养了学生对伟大祖国的热爱之情。

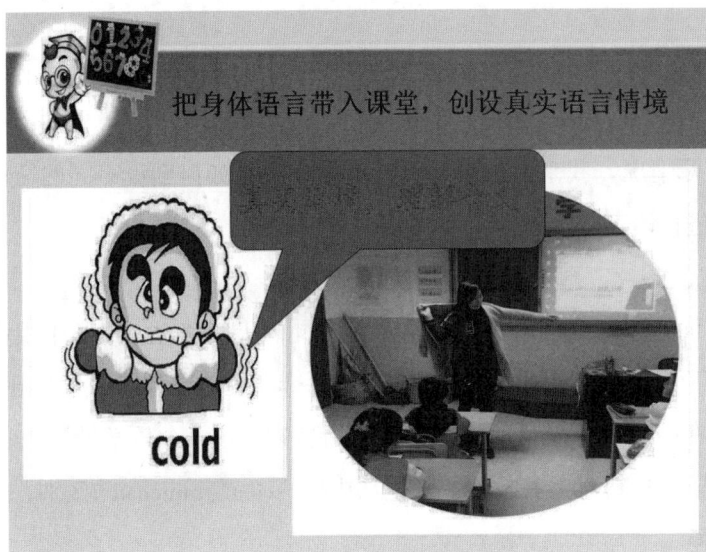

把身体语言带入课堂，创设真实语言情境

cold

（三）巧用歌曲创设轻松、愉快的学习氛围

本班孩子特别喜欢唱歌，所以英语课上我经常会选择贴近课堂内容的简单英文歌曲来激发孩子兴趣，导入新课的学习。这单元的主要话题是谈论天气，我找了一首英文歌《What's the weather like today》用于热身环节，孩子在优美的歌曲声中了解到这节课的学习内容，这样既能渲染学习英语的氛围，又巧妙自然地引出新课的内容，同时也把学生的注意力很快转移到课堂上来。

（四）通过表演模仿展示情景

"Listen and say"板块学完之后，我会让孩子分小组表演对话，这样让孩子在具体情境中使用交际用语。孩子们自由选择自己喜欢的角色，通过模仿动画当中人物的动作，声音、语调的变化体会人物语言所表达的含义，从而加深对所学知识的理解。这样在课堂以外，学生也能在合适的场景用英语询问并描述天气情况。

（五）创设真实的生活场景，让学生学以致用

学生学习语言知识是为了将来的实际运用。在处理16课"Match and say"版块和18课"Now I can say"版块时我设计了一个"小小天气播报员"活动，孩子用学过的语言"It's sunny on Monday." "It's sunny in Beijing." "You can put on….."播报一周的天气或不同城市的天气。通过创设一个真实的生活场景，让孩子体会到自己可以把学到的东西用于生活，这样学生会更爱学英语、说英语。

（六）创设师生互动模仿的场景

儿童是善于模仿的，尤其语言能力发展是从模仿开始的。本单元的难点是"weather""snowy"两个词汇的发音孩子不容易读准，针对"weather"中ea字母组合的发音，"snowy"中字母y的发音，我通过拆分单词，加入手势的方法，告诉学生ea发小而扁口型的/e/，字母y发/i/，伸出一根手指帮助记忆。学生反复模仿加深记忆，难点被突破了。

（七）情感教育中结合文化意识

学生只有对祖国的文化、对英语学习有积极的情感，才能保持英语学习的动力。英语课程标准对二级情感态度最高描述为：乐于接触外国文化，增强祖国意识。因此，教师在教学中有意识地把情感教育与文化意识培养结合起来，创造一个文化语言环境，能使学生自觉或不自觉地体验异国的文化氛围，拓展国际视野。在"Halloween"这个西方特有的节日到来之前，布置学生回家搜集一些相关的资料，让学生先去了解这个节日的时间、来历、相关风俗习惯等，激发学生学习英语和英语国家文化的兴趣。在"Halloween"当天在教室派发糖果，鼓励学生开口说"Trick or treat"，通过这样的活动让学生亲身感受西方文化。在"Christmas"到来前，可以在教室内摆放一棵上面有好多小礼物的圣诞树，营造节日氛围，再让学生唱圣诞歌曲，通过多媒体观看西方国家举行的一些传统圣诞活动，最后让学生制作圣诞卡片，并相互交换，让学生在模拟的环境中有身临其境的感受，深刻体验圣诞节文化；再与中国的春节进行对比，让学生对中西文化差异有进一步了解。

（八）让学生大量接触英语电影、歌曲

小学生毕竟是爱玩好动的。因此教学内容与方式就更要注意多样化。除了课本知识、课外积累外，英语电影和歌曲是一个很好的补充。首先，电影和歌曲是形象的、有趣的。同时，和谚语一样，它们也在一定程度上表现了西方文化。因此，有选择地让学生观看一些英语电影，学唱一些英语歌曲，既能提高学生学习英语的兴趣，也是对西方文化的另一个补充。我们英语组购买了一整套纯英文版的英语电影、动画。利用课上五分钟、学科实践、课余时间让学生有计划地观看，同时给出一些简单的问题，让孩子有目的地去看，娱乐的同时提升孩子学习英语的兴趣并给孩子一个学英语的氛围。

让学生大量英语接触电影和歌曲

六、丰富而多样化的评价方式

　　每堂课开始的时候我会告诉学生我们以小组为单位进行竞赛，大家要认真听讲，积极参与，为小组争光。每节课奖励小组的标志都会随着讲课内容有所变化，让学生有新鲜感。本单元以天气为话题，所以奖励的标志是表示天气的图标。评价要贯穿课堂每一个环节，可以是语言、动作、实物评价，可以是师生评价和生生评价，评价方式要多样。每节课结束时要进行总结性评价，选出每堂课的冠军组。这样做让所有孩子都积极参与到课堂当中来。课后我们也有相应的评价方式，完成作业好的孩子在班级评价墙上会获得相应的奖励"小贴画"。奖励满十个小贴画可以换取一张表扬卡，满五张表扬卡可以换取心仪的小礼物。评价要贯穿孩子学习英语的整个过程。

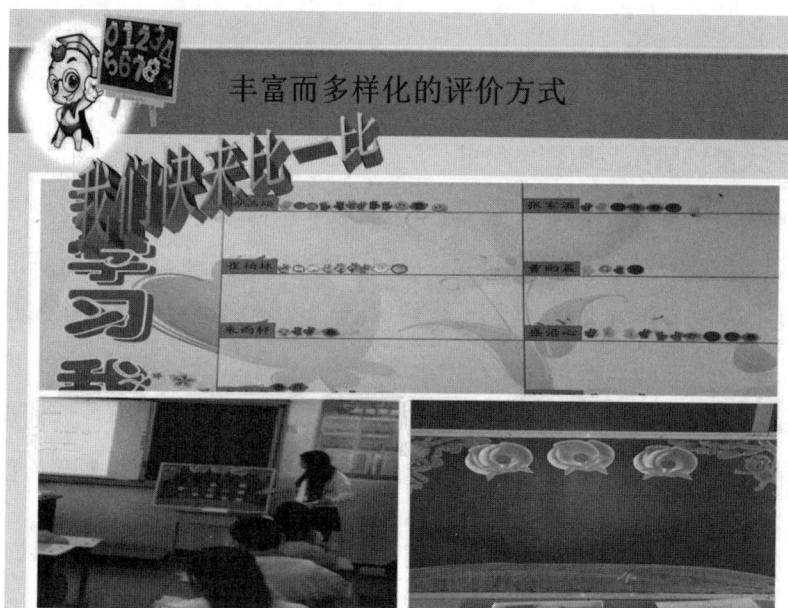

丰富而多样化的评价方式

　　总之，我们小学英语教师应注重学生核心素养的提升，紧紧围绕语言表达技能，紧扣英语交际性特征，让学生在课堂活动过程中丰富认知感知，在实践运用中提升学科综合素养；教学过程中，密切结合教学内容和教学目标，采用有效的教学手段，巧设各种情境，让学生在真实的生活环境中展开快乐自然的新知学习、实践操练与综合应用；培养学生的核心素养，使学生形成正确的价值观和高尚的品德，并懂得对自己的言行进行约束，成为具有综合素养的人，为之后的成长成才铺设道路！

小学科学课中实验的改进创新方法浅谈

北京市房山区周口店中心小学　李春英

摘要： 一个精心设计的好实验，能让学生深入地理解科学概念，甚至留下终生难忘的印象。在科学课日常学习中，实验设计、实验操作是常态。实验既是教学内容，又是教学方式，是培养学生能力且掌握科学概念的载体，有着极其重要的地位。实验的设计、改进、创新是有规律可循的，本文总结了一些我在设计改进实验时常用的一些方法。

关键词： 实验设计　改进　创新

正文

经常看到这样一句"I hear，I forget; I see，I remember; I do，I understand."意思是说听到的，如过眼烟云；看到的，铭记在心；做过的，沦肌浃髓。小学科学正是以实验（do）为基础的学科，精心设计实验，让学生通过亲身参与实验操作，获得终生难忘的科学概念是搞好小学科学实验教学的关键。在日常教学中，科学教师们除去实施课本上一些经典实验之外，经常会根据自己的客观条件设计新颖、操作性强、效果显著的实验，这非常考验老师和学生的创新能力。实际上，实验的设计、改进、创新是有规律可循的，我总结了一些常用的方法，供同行们参考。

一、替代法变不见（不易见）为可见

替代法是指在研究某一个物理现象时，因实验本身的特殊限制很难直接揭示物理本质，而采取与之相似或有共同特征的等效现象来替代的方法。

简单地说，就是我们在设计实验时，将直接无法测量或不太容易测量的、直接无法观测的实验现象，通过变通替代的方法间接进行测量或观测而达到完全相同的效果。这种实验设计思维方法被称为替代思维方法。

例如，我们指导学生研究"物体具有热胀冷缩"现象时，会组织学生做一系列观察固体、液体、气体具有热胀冷缩现象的实验，从而总结出规律。在观察过程中，我们就必须使用替代法，因为固体、气体、液体的热胀冷缩现象，直接观察都不明显。观察液体时，我们一般借助瓶子、吸管装置，观察液体受热时在吸管中上升、受冷时下降的现象，理解液体体积的表变化；观察气体时，我们一般利用瓶子、气球组装一个装置，观察受热气球变大、受冷气球变小来说明。观察固体热胀冷缩时的方法也不少，一般可以用铜球和铁环实验，效果也是不错的。

我要重点介绍的是刘静老师的这个装置，用它能更清楚地观察到固体的热胀冷缩实验。这个装置的核心部位是一根断开1毫米的金属丝，用它来接通电路。当我们用酒精灯加热这根金属丝时，金

属丝因热胀冷缩会有长短变化，电路会因为金属丝的变化产生接通和断开现象，电路中的小灯泡就会通过亮灭来反映金属丝的变化。这个实验效果非常明显，学生感兴趣。

再如，指导学生学习热传导和热对流现象时，我和学生一起设计了如下实验。为了亲眼"看清楚"热在金属勺中的传递、热在水中的传递，我们用变温试纸或者变温材料粘贴涂抹在金属片上、循环管上。随着温度的变化，变温材料的颜色会发生变化，学生很容易观察到热在固体、液体中不一样的传递路径。

摊鸡蛋

当然，如果学校条件好的话，还可以购买热像仪。热像仪可以将物体发出的不可见红外能量转变为可见的热图像。热图像上面的不同颜色代表被测物体的不同温度。这样效果就更直观了。例如从摊鸡蛋的图中，可以看到鸡蛋各部分温度的变化。

二、化复杂为简单

人生有一种哲学叫减法：化复杂为简单，化多为少，化粗为精。在科学的实验里如果我们尝试减去复杂、减去重复……那又会怎样呢？

例如，指导学生研究月相变化，理解月相成因时是很有难度的。由于月球本身不发光，在太阳光照射下，向着太阳的半个球面是亮区，另半个球面是暗区。月亮相对于地球和太阳的位置变化，使它被太阳照亮的一面有时对向地球大一些，有时小一些，这样就出现了不同的月相。我们可以制作一个半黑半白的球，学生只需要让有白色的一面始终对准太阳，然后举着小球逆时针转动就可以了。这样不但制作简单、操作简单，且观察更简单，学生可以清楚地看到月相的变化过程，并很容易理解月相成因。

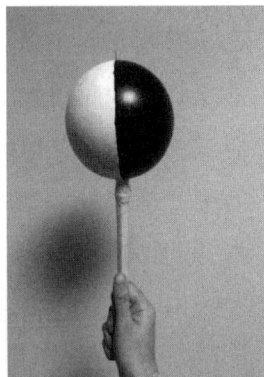

又如指导学习"空气占据空间"这一概念时，传统经典的实验是：把一团纸巾放在一个杯子的杯底，然后将杯子竖直倒扣入水中，预测一下，纸巾会被浸湿吗？但是在实验时总存在着一些不完美的地方。一是纸巾容易浸湿，影响实验效果。二是后续实验即水进来把空气赶跑的现象不够直观，学生理解起来有困难。三是一堂课下来桌上堆满了纸巾，浪费严重。

改进方法是：用减掉底部的塑料瓶和乒乓球代替纸团和杯子做实验。实验时，用手按住塑料瓶，把乒乓球垂直扣入水中，乒乓球就停留在水底，表明空气占据了漏斗的空间，水就进不去了。然后慢慢拧开瓶盖，让空气一点点跑出，乒乓球就会慢慢浮上来，表明水进来占据了原先空气占

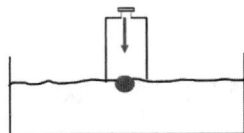

据的空间。还可以在瓶盖上钻小孔，用手堵住小孔进行实验，就可以轻松控制乒乓球的位置。

改进后的实验材料既可以重复使用，节约资源，又克服了原先实验的缺陷，使空气占据空间与空间水被替换的现象更加明显。实验具有直观性、趣味性。

三、化抽象为形象直观

心理学家鲁宾斯坦指出："任何思维，不论是多么抽象和多么理论的，都是从分析材料开始……"教师可以放手让学生自己去发现规律、总结法则，但在这个过程中必须提供丰富具体的物质载体，作为学生分析、综合、比较、抽象、概括的例证。小学生的思维正处于从具体形象思维向抽象逻辑思维的过渡中，但仍以具体形象思维为主。因此，在教学中，我们应采取形象生动的教学，提供足够的有结构材料，来培养学生的创新思维。

例如，指导学生研究"水能溶解一些物质"时，我们大都在实验中选用观察高锰酸钾和砂糖等物质在水中溶解的情况。观察报告见下表：（空格中所填的应是理想的答案）

表1-1　物质在水中变化记录单

	食盐	沙	面粉	高锰酸钾	砂糖
变成的微粒大小	肉眼看不见	肉眼看得见	肉眼看得见	肉眼看不见	肉眼看不见
在水中的分布	均匀分散	不均匀分散	不均匀分散	均匀分散	均匀分散

该实验的目的是从高锰酸钾溶解于水的实验中，得到"均匀分散"的结论。学生在解释这一现象时会说：水变红了，高锰酸钾不见了。却得不出均匀分散这一结论。

造成该问题的原因是实验缺少不均匀分布的参照物。我们实验时，先用一杯热水冲鸡蛋。具体做法是把搅拌均匀的蛋液倒入盛有热水的玻璃杯中，这时蛋花有的浮，有的沉，有的悬浮在水中，让学生进行比较，使学生真正理解"均匀分散"的现象，效果就十分明显，使实验更能符合儿童的认知规律，易于接受。

四、逆向思维方法

逆向思维是人们重要的一种思维方式。逆向思维也叫求异思维，它是对司空见惯的似乎已成定论的事物或观点反过来思考的一种思维方式。敢于"反其道而思之"，让思维向对立面的方向发展，从问题的反面深入地进行探索，树立新思想，创立新形象。

例如，指导学生研究风的成因时，要求学生理解空气流动形成风。我们可以制作一个走马灯，也可以还沿用上节课的小纸蛇实验，只是在实验时增加一个大玻璃罩。这时我们会看到小纸蛇和走马灯都不转动了，打开玻璃罩上的盖子，小纸蛇和走马灯就都可以转动了，从而总结出空气流动才能形成风，光有热空气是不行的。

在研究"声音的产生"时。我们可以先从正面制造声音观察现象开始研究，还可以从反面论证，让实验中的声音停止，从而更好地理解振动产生声音的概念。

在研究"滑轮"作用时，我们经常为定滑轮实验烦恼。原因是在滑轮一侧挂钩码，另一侧用测力计测量力的大小，实验结果总是存在误差，不能顺利得出"使用定滑轮既不省力也不费力"的结论。

改进方法其实很简单，第一种方法：定滑轮的两侧都使用钩码，不使用测力计，这样可以消除误差。第二种方法：在定滑轮的另一侧增加一个相同的测力计，改进实验后就消除了因测力计本身重力所产生的系统误差。

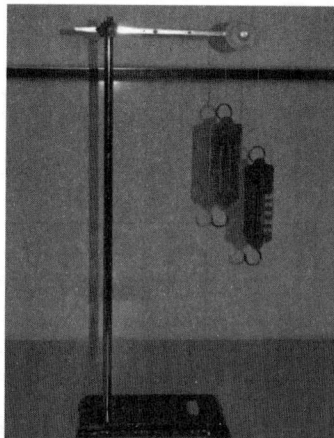

五、组合创新法

组合思维又称"联接思维"或"合向思维"，是指把多项貌似不相关的事物通过想象加以联系，从而使之变成彼此不可分割的新的整体的一种思考方式。牛顿组合了开普勒天体运行三定律和伽利略的物体垂直运动与水平运动规律，从而创造了经典力学，引起了以蒸汽机为标志的技术革命。科学实验设计和改进也可以引用这样的方法。

例如，指导学生研究"斜面"作用时，有个测量不同角度斜面的省力情况的实验。学生在实验时要使用量角器测量角度再固定木板，比较麻烦。

改进方法是：在木板的一端加装一块硬纸板，在纸板上标出30度、45度、60度、90度等角度，制成一个量角器。实验过程中，把木板分别对准不同的刻度线，就可以形成不同角度的斜面，节省了学生的实验时间。

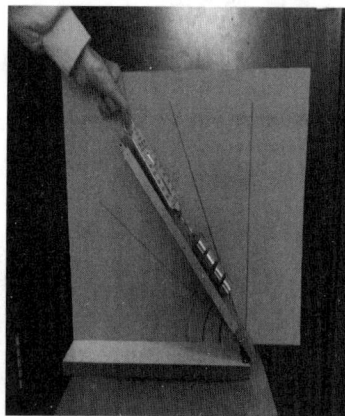

综上所述，教师根据实际情况和改进方法对实验进行改进和创新，使实验操作简单了、实验现象明显了、实验有趣了。改进后的实验一般都可以有效突破教学难点，显著提高实验效率，帮助学生把更多的时间与精力集中到观察、记录与思考上来。好的实验为学生营造宽松的学习环境，使学生的主体性地位得以突出，科学探究的兴趣得到有效激发，提升了学生探究科学知识的能力，促进了学生科学素养的形成。

培养小学低年级体育学习兴趣的研究

北京市房山区周口店中心校瓦井小学　孙成志

一、研究目的

小学体育教学要适应现代社会的发展趋势，贯彻"健康第一"的指导思想。在体育教学中充分考虑学生的身心特点和兴趣需要，重视学生学习兴趣的培养和激发，提高学生掌握体育知识和技能，并且让学生愉快地去学习，去接受，提高学生的身体素质。

二、研究的对象和方法

（一）研究的对象及时间

对象：本校1—2年级89名学生

时间：2016年9月—2019年7月

（二）研究方法

1. 调查法

针对提高教学质量，培养学生兴趣，我对低年级89名学生进行了问卷调查，共发放问卷89份，回收86份，回收率96.6%，有效问卷81份，有效回收率91.0%。并且，我还针对个别学生进行了谈话调查。

2. 研究实验法

对本校1—2年级4个班在实验前进行了心理素质指标和身体指标的记录、研究。在实验后加以比较分析，并且在实验后随机抽取1—2年级2个班为对照班。

3. 其他研究方法

比较法等。

（三）研究实验措施

通过对低年级学生的调查研究，发现低年级学生的兴趣主要趋于游戏和富有趣味性的活动，在心理上往往表现出很强的自我表现欲和成功感。针对这些学生的生理和心理特点及个别差异，我采用了不同教法，以培养和激发学生对体育的兴趣。

1. 加强思想教育，让学生树立健康的体育锻炼意识，激发学生的心理和生理潜能，培养学生对体育的兴趣。

在小学低年级教学中，学生年龄小，意志力薄弱，往往怕苦怕累，从而影响了他们对体育技能、技巧的学习，继而影响身体素质的锻炼效果。这时我便常常以优秀的运动员和解放军叔叔为榜样，鼓励学生，并且恰当地运用比赛的方法来激励学生，使学生在体育运动中不怕困难，不怕苦、不怕累，锻炼学生的坚强意志，促进他们加强身体素质锻炼，达到要求。

在抛小实心球的教学中，开始我只用了正常的教学方法，讲解、示范、练习，让学生机械地去学习，效果不是很理想。后来我做了充分动员，并且把动作编成顺口溜"小朋友，你真棒，小小实心球，向前抛出去，快快捡回来，身体素质强，不怕苦不怕累，你我争第一"，结果学生兴趣高涨，奔跑、投掷积极，收到了良好的效果。

2. 教法创新，引导学生对体育的兴趣感，从而使其对体育运动产生兴趣。

在一年级的"沿直线走"和"200米跑走交替"教学中，学生表现出不积极。在实验班，我把这种类型的课设计成"交通员送情报，消灭敌人"的故事。在教学的开始部分，我就用形象的语言描述，进行情境诱导，激发学生兴趣，把学生引入情境；在基本部分教学中，把枯燥的"跑走交替"演变成"穿过障碍—跨过战壕—走过独木桥—穿过铁丝网"情节，同时精心设计场地，让学生进入角色，身临其境，这样的课不仅学生爱上，而且是在欢乐的氛围中不知不觉就学习了本领，历练了意志，很好地完成了教学任务。

在体育活动中，队列练习是必要的，但也是最枯燥无味的。我在这类教学中适当加入音乐并且使其和游戏融合，使学生乐于学。在准备活动时，采用游戏或者模仿操——五禽戏。在技术上运用情绪、情境教学。教师简单的讲解、示范，加之生动形象的创设情境体验的场景，让学生情绪高涨，使他们从被动参与变成主动行动。

在考核项目时，运用竞赛的形式，让每个学生都成为运动场上的运动员，创设竞技场的情境，会使他们兴趣更浓、情绪更高，考核成绩也会相应提高。

3. 运用成功的教法，让学生体会到成功的喜悦

在体育教学中，让学生在求知的基础上体会到成功后的喜悦，会使学生产生参加体育活动的积极性。苏霍姆林斯基指出，"只有在学习获得成功而产生鼓舞的地方，才能出现学习兴趣"。

对于低年级学生，要促使他们成功。难度稍大的技术项目，可以分解、降低难度、逐步提高。要让他们在获取每一步成功的基础上、在欢快的气氛中掌握知识。

实验研究表明，每一个学生都有获得成功的愿望；每个学生也都有各自的潜能，这就有待教师去挖掘、去开发。教师的教学要面对全体学生，要看到所有学生身上的信息，及时反馈并加以指导，让不同身体素质能力的学生都能体会到成功。首先，在实验教学中，利用多层次的教学，保证人人参与，共同进步；再根据不同的能力加以分组练习，逐步确定目标，为不同运动能力的学生创建成功、体验成功的教学情境，使不同运动能力的学生得到最优发展，在任何时候都能感受到成功。针对"吃不饱"和"吃不了"的学生，创设不同的情境，让他们的潜能得到充分发挥，既照顾了"弱者"又让能力强的学生得到了满足，增强了他们的学习欲望，尤其是让能力弱的学生，树立了信心，加强了兴趣，增进了学习热情。让所有学生都去品味成功，体会成功，向着心中不同的目标前进，继而达到预期的教学效果。

在教学中我还注重开发学生的创新意识，培养学生兴趣。比如在开始部分的准备活动中，每次

课后我都为学生布置一个作业,让他们为下一节的体育课自编一个准备活动。这样既能加强学生之间的交流与沟通,还能达到集思广益,突破创新的目的。让学生体会到成功,而且让每一个学生都能展示自己的才华,这也进一步增强了他们的自信,培养了他们对体育课的兴趣和对自己的信心。

4. 用爱心和笑容对待每一个学生

师爱是一个永恒不变的主题,教师的每一个笑容会使许多学生感到满足。低年级学生的心理承受能力很弱,教师要用和蔼可亲的态度感染学生,建立师生感情;切忌严厉、粗暴的斥责,以免给学生造成心理上的恐惧和消极影响。

低年级的学生依赖性较强,对老师非常信任。因此我在实验教学中,从"师爱"出发,以"情"育人,给学生创造一个良好的课堂氛围。首先,用和蔼可亲的儿童语言教学,做到亲切自然,让学生消除对教师的恐惧感和畏惧感;其次是到学生中去,和学生融为一体,到学生中去感受学生的心声,让自己和学生处于平等的地位,让教师在学生心中成为可爱可亲的朋友,从而形成一种"无拘无束"的、平等融洽的教学氛围;除此之外,我还注意和学生进行情感的沟通和交流,适时地对学生进行激励。我常用语言鼓励他们:"你真棒!""老师相信你,你一定行!"从而让学生产生希望,使之得到鼓舞。实践证明,这些语言可以让学生产生自信,培养学生的学习兴趣,激发他们的学习热情。

实验证明,这种民主、和谐、平等、信任的教学方法和师生关系,引导着学生的学习情感处于积极、自由的状态,学生心理放松,心情愉快,对体育活动产生积极兴趣。这样的师生关系不仅架起了师生心灵间情感交流的桥梁,而且建立起了师生共同学习的纽带,使学生真正地"亲其师、信其道、乐其学"。总之,用爱去体会,用心去感受学生的心动,全身心地融入学生的心灵深处,才能真正感悟到学生的心声!

三、实验结果与分析

经过对培养学生兴趣和提高教学质量的研究,以及针对此研究开展的实验和教学探究,从成果上看,兴趣的培养使学生的身心素质明显得到了发展和增强。

(一)在实验前,我对1-2年级实验班和对照班进行了心理测试

在实验前测试的学生心理指标(表一)

学生态度	实验班	对照班	T	P
总分	10.67	11.1	3.14	>0.05
喜欢体育课	82%	72%	3.25	>0.05
对体育课无所谓	5%	10%	3.15	>0.05
对体育课不喜欢	13%	18%	3.57	>0.05

从上表可以看出,随机抽出两个班,P值>0.05,无显著差异,说明两个班起点相同。同时也说明在传统的体育教学方法引导下的学生是利用单一的填鸭式,即整队集合、报告人数、按口令进行练

习，做徒手操、讲解示范、分组练习、纠正错误这些教法，是缺乏体育课新颖性和趣味性的教法，它缺乏对学生心理特点的适应，以及对体育兴趣的培养，致使学生身心发展滞后。

（二）通过对学生生理和心理的进一步分析，一改以往教法

利用游戏、情境教学，可以针对学生的心理加以改变。例如，把开设的技能课转换成以游戏的形式进行教学，使学生对体育课的态度发生了变化。

在实验后测试的学生心理指标（表二）

学生态度	实验班	对照班	T	P
总分	14.72	12.53	3.63	<0.05
喜欢体育课	92%	83%	3.99	<0.01
对体育课无所谓	4%	7%	3.87	<0.05
对体育课不喜欢	4%	10%	3.38	<0.05

通过新的教法和对学生兴趣的培养，学生对体育课的观念在转化。

（三）研究实验表明，学生喜欢在无忧无虑中学习，情绪好，学习效果也就更好

在实验中进行的良好师生关系、成功体验教学和情境体验教学，不仅激发了学生学习体育知识的兴趣，同时增强了他们对体育课态度的转变。因此，培养学生兴趣是创造一个欢乐和阳光教学环境的主要途径之一。

实验班在实验前后的心理测试指标比较（表三）

态度	总分	喜欢体育课	对体育课无所谓	对体育课不喜欢
实验前	10.67	82%	5%	13%
实验后	14.72	92%	4%	4%
T	0.367	0.224	0.320	0.367
P	<0.05	<0.05	<0.05	<0.05

通过上表数据可知，实验后，学生在心理指标上P值<0.05差异显著，学生的态度分提高5分，喜欢体育课的提高10%。由此可见，体育兴趣的培养有利于学生自主学习，可以使学生乐学、爱学，在体育活动中每个学生都能感受体育活动的乐趣，教学气氛有了很大改进，教学质量也得到了很大提高，学生体育运动能力和竞技成绩得到普遍提高。

体育教学是一种"教"与"学"的"双边"活动，而学习过程则是以学生身体练习为主的主体性活动。在实验教学中，我注意优化教学过程，创造良好的学习情境，最大限度地调动学生的积极性，充分体现学生在体育运动中的主动性和主体作用，使学生在体质和能力上得到最大程度的发挥。

实验前对学生项目测试对比（项目：沙包掷远）（单位：米）（表四）

班级	人数（N）	平均值	标准差（S）	T
实验班1.1	23	6376	2.510	
实验班1.2	22	6.60	2.504	0.26
实验班2.1	22	11.02	4.987	
实验班2.2	22	10.33	3.582	0.64

以上数据随机抽取，均无显著差异，起点相同。

实验后投远指标增长百分比对比（单位：%）（表五）

班级	实验班		对照班		实验班		对照班	
	1.1		1.2		2.1		2.2	
性别	男	女	男	女	男	女	男	女
增长百分比	27	43	6	23	27	42	10	11

从上表可以看出，一、二年级两个实验班投远指标比对照班增长百分比幅度大，提高快。这说明在小学低年级培养学生兴趣，对提高投远项目具有较好的效果。所以，兴趣是最好的老师。体育活动相对于其他学科而言要付出较多体力，易产生疲劳，如果对体育活动本身感兴趣，就会精神饱满、积极投入、刻苦努力、不知疲倦地参与，从而提高教学效果。

（四）通过新型的教法和教学手段，学生体质有了不同程度的提高，教学质量也发生了巨大的变化

实验前后指标测试对比（项目：沙包掷远）（单位：米）（表六）

班级	人数（N）	平均值	标准差	T
实验班1.1	23	9.03	2.709	2.37
对照班1.2	22	7.61	2.245	
实验班2.1	22	14.54	4.336	3.10
对照班2.1	22	11.42	3.683	

从实验测试表可以看出，两个年级实验班投远指标的平均值都比对照班高。一年级学生投远指标经检验$P<0.05$，出现了显著差异。二年级检验结果$P<0.01$，出现了非常显著的差异。这就是我采用了不同的教法带来的结果。同时也说明，注重培养学生的学习兴趣的教学方法能明显提高体育教学质量，学生的学习兴趣和教学质量是成正比的。

四、结论与建议

（一）结论

1. 在小学低年级的体育教学中，采用多种新颖有趣的教学内容和方法，培养学生兴趣，能显著

提高体育教育教学质量，有利于学生运动成绩的提高。体育兴趣的培养是对体育发展和延续的内在动力。

2．创设情绪体验，情境教学是培养学生兴趣的有效手段，有利于促进学生个性发展。

3．师爱在体育教学中的应用，对学生心理发展和对体育兴趣的形成起到了很好的调节剂的作用，拉近了师生距离。这样会使学生产生对体育的浓厚兴趣，对培养学生的兴趣有促进作用。

（二）建议

1．组织一些体育心理讲座，以满足中小学体育教师对教育教学理论的需要，特别是体育教学儿童心理学。

2．针对当前的素质教育探索和改革，编写一些关于体育如何提高教育质量的发展与途径的丛书。

3．根据小学生的身心特点，编写一些小学生喜欢的教材（特别应包含具有传统色彩的游戏）。

Scratch编程课中培养小学生计算思维的研究

北京市房山区周口店中心小学　韩进峰

摘要： 计算思维作为人类必须具备的三种科学思维方式之一，学生在日常的课堂学习活动中应当得到大力的培养。本文以计算思维在课堂中如何培养为主要内容，重点从计算思维的本质——抽象和自动化两个方面研究课堂中如何以Scratch编程课堂作为支撑培养小学生的计算思维的实践。

关键字： Scratch 培养 小学生 计算思维

在现今小学信息技术程序设计课堂中，学生使用最多的辅助图形化编程学习软件是Scratch。其特点包括图文并茂、功能强大、入门容易，相对于其他的程序设计软件，如Python等，更加适合小学阶段的学生学习程序设计。在编程课堂中，培养学生计算思维具有其他学科不可比拟的优势，这是由计算思维的本质决定的，什么是计算思维的本质呢？周以真教授认为"计算思维"的本质是对求解问题的抽象和实现问题处理的自动化。在程序设计过程中就包含对问题的抽象化、符号化和设计算法等相关操作，如流程图等，所以用编程课堂培养学生的计算思维能够取得事半功倍的效果。

一、恰当的情景设计，把实际问题抽象为可计算问题

学生运用Scratch进行程序设计学习时，教师需要在课堂中创设情境，恰当的情境可以提高学生在课堂学习中的效果，学生天长日久沉浸在情境中学习，在情境中蕴含分层任务，学生在潜移默化中逐渐提升运用"计算思维"解决实际问题的能力。如果说，数学思维是"抽象和关系"，那么计算思维则是"状态和过程"。小学数学课中关于"列方程"求解"鸡兔同笼"问题，实际就是"抽象和关系"的数学思维活动，而在小学Scratch程序设计课堂中使用编程算法求解这个问题更符合"状态和过程"的计算思维活动。

例如，我在上课之初播放"鸡兔同笼"问题的微视频，这个视频能够快速把学生的注意力转移到课堂任务中，教师结合课堂情境，师生共同回顾这个问题的求解方程生成过程，并列出解题方程式——"$c \times 2 + (20 - c) \times 4 = 54$"，课堂上的师生互动为"数学思维"活动，即"抽象和状态"的过程，接下来教师引出课堂任务——同学们，我们用Scratch中运算模块如何构建这个方程式呢？学生在思考的过程中顺利地过渡到"计算思维"的活动，接下来学生根据方程式用Scratch搭建程序运算结构。

在学生搭建运算结构过程中，必然需要把整个方程式分解为简单的算术运算小结构，例如"$c \times 2$""$20 - c$"等一些小结构，这个过程中学生潜移默化地运用计算思维中"约简、转化"等方法，把一个看起来困难的问题重新阐释成一个已经知道怎样解决的问题，是一种把数据译成代码、采

用抽象和分解来控制庞杂的任务，并能选择合适的方式去陈述问题，或对一个问题的相关方面建模使其易于处理的思维方式。

上面的课堂片段中，学生从情境中接受任务，从任务中"抽象"出可计算问题，把可计算问题分解为简单小问题，并能够通过简单小问题的有机组合完整建模还原复杂的问题，在整个过程中学生的"计算思维"在"抽象"这个环节得到了充分的激发和培养。

二、启发式的师生交流，把可计算问题演化为算法设计

计算思维的本质之一"自动化"，可以理解为是算法设计，这里的算法不是计算机中的数学意义上的算法，而是解决问题的方法和步骤，算法设计就是要找出解决这类问题或者相似问题的方法步骤等的详细说明，人就可以根据这个说明来正确地解决问题。限于本文讨论的"鸡兔同笼"问题的Scratch程序设计求解过程的算法设计可以等同理解为程序算法。

例如，我在上课时曾经说过——同学们，大家都知道计算机有两个巨大的优势或者特点，一是，计算机运算速度快；二是，计算机存储容量大。那么我们在用计算机编程求解"鸡兔同笼"问题时怎样才能发挥计算机的优势呢？学生很快讨论出最佳的答案——"让计算机尝试将1到20每个数代入方程式中，这些数分次存到变量'c'中，然后计算方程式——'$c \times 2 + (20 - c) \times 4 = 54$'是否正确，判断结果是布尔值。"那么怎样才能实现让计算机从1到20自己计算呢？这时学生快速地回答：用"重复执行"模块就可以。如果某个数使方程式成立，后面还需要继续尝试吗？学生立即回答，不需要了。怎样才能做到当方程式成立后停止"重复执行"呢？学生回答：条件判断，停止模块可以实现这个功能。好，你们可以设计程序了。

上面的对话是在我课堂实录中的片段，这段师生交流的过程是对求解问题的抽象实现转向问题处理的自动化——算法设计的平稳过渡，学生在从"抽象"向"自动化"的转移过程中是潜移默化、水到渠成的。

启发式课堂活动相对于灌输式课堂更能激发学生学习程序设计的兴趣，合适的任务让学生体验到成功的喜悦，结果就是学生不喜欢Scratch程序设计课程都难。

三、抽象与算法设计不唯一，在成功的基础上再思考

计算思维的本质是抽象和自动化，前面的课堂片段中，学生在用程序算法求解"鸡兔同笼"问题时，整个课堂活动过程中"自动化"这个关键计算思维本质，完全是学生自己设计和实现的，突出学生作为课堂活动的主体地位。但是"抽象"这个重要本质特征的实践，却是联系数学课中推导方程式而来，学生参与度处于低级水平，如何在信息技术程序设计课中让学生在"抽象"这个重要本质特征实践环节页突显自己的课堂主体位置，是下面课堂片段中所呈现的。

例如，我在课堂活动的后段的话语——同学们，你们已经成功地用Scratch编程完成求解"鸡兔同笼"问题，我发自内心地祝贺你们，你们每个人都是未来的计算机科学家，但是未来的计算机科学家们，你们有没有思考过，难道"鸡兔同笼"问题就这一种算法吗？学生经过思考，给出的答案是否

定的，绝不可能是一种求解方法，有的同学提出，用变量"c"表示鸡，那么我可以再添加一个变量"r"表示兔子，这样"c+r=20"表示鸡兔共有20只，我再让"c×2+r×4=54"，这样就有两个判等表达式了，当这两个表达式同时成立时，变量"c"和"r"的值就是正确答案了。其他同学看到我写在白板上的等式，陷入思考，默默认同。这个同学说的方法，其他同学有没有补充的？这时有个同学看到白板上的两个等式，恍然大悟，带着不确定的语气，随口说出这好像也是方程吧。我顺带问其他同学，你们认为呢？其他学生也是不敢确定。我随即以肯定语气明确告知学生，这个同学说这两个等式放在一起确实是方程，你们还没学，它有个名字叫——二元一次方程组，虽然你们没学过，你们不会解，但是我们在程序设计课中，你们可以试试设计程序，建立使两个等式同时成立的计算结构，我提示一点，这两个等式同时成立需要用什么模块连接？学生异口同声回答："与"模块。好，你们设计程序吧。

上面的课堂片段完整地呈现出学生通过自己的独立思考和同学补充，把"鸡兔同笼"问题用另外一种"抽象"结构表达出来，师生交互过程中学生的表现是非常亮眼的，课堂活动主体地位突显无疑，学生的计算思维得到了充分的培养，这里不仅彰显信息技术课在"自动化"这个本质特征培养上的优势地位，更是把数学课中不曾涉及的问题，在信息技术课中用计算思维中的算法思维完美解决。

四、结束语

综上所述，在Scratch编程课堂中培养小学生的计算思维有利于激发学生的创造力和提高学生的创新能力，有利于提高信息技术课堂的实效性。在实际教学过程中，教师在课前要做好准备工作，需要创设恰当的情境，设计符合学生知识能力水平的任务，在学生参与课堂活动过程中，教师及时的启发和评价能够更好地促进学生计算思维的形成，让学生在轻松愉悦的课堂环境中逐渐发展计算思维。

心灵捕手

北京市房山区周口店中心小学 孙艺

我们总是习惯把大脑的功能强加给心脏。我们会说，跟着心走吧！那是因为有些事情大脑是不准我们去做的。可是那个本我（原我），存在于潜意识深处，作为人格中最原始的部分，代表着我们追求快乐的本能。不快乐的时候也有许多自我防御机制让我们能够逃避与倒退。这个时候我们是否需要一个捕手、一个导师将我们的心拉回来呢？电影《心灵捕手》的意义就在于此，也是我为这个故事命名的原因。

人们都夸女孩温柔如水、乖巧懂事，甚至将女孩比喻为"妈妈的小棉袄"，真是贴心又保暖，估计一想起来，父母都会乐得合不拢嘴吧。可是我却偏偏遇到了一个"女魔头"！

这是去年刚开学，我服从学校的安排，接受四年级的英语教学工作，第一节课我就领教了她的与众不同。"老师……你知道他们男生多没用吗？你看看，你看看，就这么几个……"她拖着长声，撇着嘴，不屑地拿着几张听写纸在我眼前晃着，"就这么几个单词，没有一人全对，都是零分！"她像是胜利了一样大声地嚷着，语气里都是鄙夷。我一时语塞，竟不知说什么好。我制止她说："别嚷，好好说，现在上课了，下课再说。"她很不服气地说："老师就会向着男生，那么笨都不说！"她的声音不大，但足够传入我的耳朵，不理她，我先讲课，下课再说。这节课上得断断续续，多次被她打断，少数时候是抢着说问题，多数时候是指责男生的不足。

课后我很心烦，向教过她的老师询问情况，得到的答案是学习好，纪律差。爱拔尖，不服管。我没放在心上，不严重，慢慢来吧，物极必反。一次，课上排队订正练习，她想加塞儿，男生不让，发现我在看她，就愤愤地站到男生后面，这时男生告状说："老师，她总是拿书打我……"我还没说话，她抢着说："真小气！是不是男生啊？我又没使劲，谁让你站在我前面的？"男生竟说不出话来，她又说："你不知道女士优先吗？"男生无奈地让她站在前头，她得意起来，晃来晃去。我见纠纷解决了，也没说话，继续判题。突然男生大叫："你干什么？"紧接着，男生离开队伍，走到女生的座位，将她的书全部推到地上，伤心地回到自己的座位。女生也离开队伍，回到座位，一本一本从地上捡书，安静得出奇。我没有理睬女生，快步走到男生面前询问情况。原来女生站到男生前面以后，并没有安静下来，她避开我的注意，时不时地向后踢腿，一下踢到男生的下体，男生因痛才有上述表现。我提出带男生看医生，男生拒绝了，含着眼泪说不严重。我关切地说，这事不能马虎，看过医生才放心，叫女生家长陪同。男生只是摇头，女生却觉得大惊小怪。我安慰男生，"不舒服随时看医生，不然我会担心的。""你就会向着男生，我根本没使劲，一个女生有多大的劲啊？"……这节课我上得很压抑。她是和男生有仇，还是看我不顺眼？为什么认定我会袒护男生？……

课下，我把女生叫到办公室，我没批评她，告诉她再强壮的男生也有自己的弱点，何况一名四年级的学生，男女生的身体都有神圣不可侵犯的部位，你伤到男生了，就不能不在乎他的感受。她高高地举起自己的手指头："我的手这样了我怪过谁？流血啦！"我拉过她的手，手指贴着创可贴，渗出点点红色。"真的出血了，快让老师看看，疼不疼，怎么弄的？创可贴不能沾伤口，垫块药棉。"我先给她涂上擦手油，再包扎好，她很安静地看着我，很享受我的关心。我说："好啦！别沾水，勤抹油，过几天就好！"她点点头，我看她接受了我的关心，顺势说："我更关心女生的。"她不好意思地笑着走了。到这里也许你认为她一点也不"魔性"，只是有些矫情而已，接下来的事你就会知道她的厉害。

在接下来的一段时间里，我就像一名消防员，到处"救火"。她把男生推倒，压在身下打；她突然推男生，使其头撞到墙；她骂听写不会的男生"贱"……这居然在课堂上发生。我试着在课堂上发脾气，对学生进行大篇幅的思想教育，讲如何友好相处、安全玩耍、选择不伤害他人的话评价他人，收效甚微，我很疑惑，为什么她总针对男生？为什么她对男生十分刻薄？难道男生伤害过她，她久久不能释怀？

转眼快两个月了，又是一节练习课，同学们正在排队，她又挑起战火，我不能再惯着她了："你不要那样对同学，你说话那么尖刻是不会有人喜欢你的……"我还想再说几句，她大哭着说："你们都不喜欢我，你们喜欢男生，奶奶只喜欢弟弟，不喜欢我，啊……"眼泪流了一脸，她声嘶力竭地叫着，似乎把多年的委屈都喊了出来。我一把搂住她，急切地说："我喜欢你，我特别喜欢你！你学习成绩好，做事认真努力，谁要不喜欢你，给我当闺女，我要你。"她哽咽着，直直地看着我，我心疼地给她擦眼泪，同学们静静地看着我们……症结找到了，是家事伤到她，她不能接受奶奶对弟弟的偏袒，将怒火转移到班里的男生身上，处处针对男生，迁怒于老师。我该怎么办呢？

晚上，我和女生的妈妈微信长谈，夸了孩子的优点，表扬了家长的教育。谈到融洽处话锋一转，提到了自己的担心，将孩子在课堂的表现如实汇报。她妈妈哽咽了，说自己因家事离家有两月，把姐弟俩交予奶奶照看，奶奶平时重男轻女，女儿脾气又耿直，总发生冲突，弄得女儿脾气越来越暴躁。她一两天就到家，会和孩子好好谈谈，孩子一定是委屈到一定程度无法排解才有上述行为的，给老师添麻烦了……我长出了一口气，事情终于可以解决了。

在接下来的日子里，孩子变了很多。她不再针对男生，不再指责我护着男生，不再大嚷大叫。脸上的笑容越来越多，她开始亲近我，摇我的胳膊，拉我的手，和我说她的心事。我在工作上也更加井井有条，带领同学们预习、复习、听写、读书，最重要的是，她与男生可以和平相处，学习成绩更是高居榜首。我似乎也被她感染，心情竟愉悦了许多，盼望听到她的小秘密。

这天下课，她把我拉到一边，悄悄告诉我她要回老家了，舍不得我，也舍不得同学们。我让她看着我的眼睛说："孩子，无论你走到哪里，老师都会想着你，老师的目光都会追随着你，你不会孤单，也不必害怕，你是最独特的！"她抱着我哭得很大声。临走前，我送了一瓶护手霜给她，她妈妈告诉我，她像获得宝贝似的收起来了，说永远不会忘记我……

儿童心理的发展，是在他和周围环境相互作用的过程中逐渐完成的。这就要求我们教师在教育教学中积极地与儿童沟通情感，创造适合儿童健康发展的和谐的心理环境，让他们在愉悦的心境中学习、成长。

"儿童是感情的王子"，他们迫切需要爱抚，因此，我们对儿童的教育必须带着一颗爱心。教师对学生的爱，是师生间情感沟通的重要渠道。教师对学生的爱主要表现为对学生充分的理解、高度的尊重和严格的要求。教师的一言一行要尽量给学生以尊重和关怀，把他们放在学习主人的位置上，让学生真正感受到"老师是为了我好"。当学生感受到老师的信任和爱时，必然会产生愉悦的心情，激发起对教师的热爱感、信赖感，从而在师生间形成亲切、友好感情的双向交流，从根本上缩短师生间的心理距离，减轻学生的心理压力，使他们始终保持很高的热情，学得高高兴兴、有趣有味，从而逐渐使儿童具有活泼、乐观、健康向上的性格特征。

面对自己的时候，我们往往缺少对自己的诉求，而将注意力和暴力转嫁于他人，寻求心理平衡。这几乎是每个人都会在现实生活中遇到的内心的挣扎。爱要有耐心，爱不一定完美，爱只是爱；人是没有完美的，但也不表示那是没有价值的。

教育从"理解"和"尊重"开始

北京市房山区周口店中心小学　王平

教育家苏霍姆林斯基曾说："教育者的爱护和关注在学生心灵深处会留下不可磨灭的印象。"在我们的教学工作中，"爱"与"关注"是我们俘获学生心灵、打开学生心门的一把"金钥匙"，"理解"与"尊重"则能让我们用发展的眼光看待孩子，对孩子充满积极的期待，给孩子带来神奇的改变。

从去年九月开始，我任教三年级道德与法治课。在学习《心中有个110》这一课时，安排了这样一个环节：两个学生一组，演一演，当你自己在家时，有一个自称快递员的人来敲门，你会怎么办？任务下发后，同桌之间兴致勃勃地演练起来。

展示时，很多同学的小手都举得高高的，都想到前面来给大家表演。两组表演后，我又叫了一组，故事就从这里开始了。

被叫到的小涵非常高兴，兴致勃勃地跑到了讲台前，奇怪的是，她的搭档小梅却怯生生的，很不情愿地走过来。

表演开始了，小涵自信满满地开始敲门："当当当、当当当，我是快递员，开一下门。""屋里"的小梅一声不吭，我看到了她脸上的胆怯、羞愧，手也不自觉地攥紧了自己的衣角。

"当当当，当当当"，敲门声还在继续，小梅显得有些不知所措，眼泪开始在眼眶里打转转，双手开始反复揉搓着自己的衣角。这时候，班里的孩子们等不及了，嚷嚷着："老师，她从来不说话。""她不能演，她特别笨。""她不会，我来吧……"

否定的声音充斥着整个班，我迅速意识到这是个有故事的孩子。我，该怎么办呢？此时，若让她回去，这颗幼小的心灵肯定会继续遭遇创伤……

就在孩子的眼泪即将冲出眼眶的一刹那，我示意全班安静并说道："看看这个场景，大家思考：当自己在家时，门外有人称自己是快递员，小梅同学在不知道怎么应对的情况下，保持了沉默，一声不吭，装作家里没人，小梅这么做，你们怎么看？"

学生的思维迅速被我的问题拉回到表演情境中，他们的脸上写满了惊异，仿佛在说：她什么都没说啊，她都没演啊！有的孩子反应很快，说道："老师，她胆子比较小，不能判断外面是好人还是坏人，那她不吱声，装作屋里没人，我觉得挺好的。""老师，我觉得小梅很聪明，家里没人，有陌生人来时，可以不说话，不理他，保护好自己最重要……"

顷刻间，肯定的声音此起彼伏，大家从最初的完全看不上，变成了一致的肯定。小梅羞愧的泪水瞬间变了一种味道，我摸着她的头说："看，你演得多好，是你启发了大家，一个人在家时，有陌生人敲门，我们还可以用沉默来回应他，这也能很好地保护自己。"

此时，我分明感受到，同学们看待她的目光变了，小梅的眼神中闪烁过一道光亮。

不久后，在一次"道法"答疑课上，小梅再一次给了大家惊喜。那次我出了些习题，看着学生名单随意点名回答问题，大家很紧张，也很投入，前面叫到的同学都能顺利回答出来。不经意间，我叫到了小梅，班里瞬间响起了不和谐的哄笑声。

她依然是怯生生地站起来，紧张的面庞上充满了意外，好像怎么也没想到我会叫她回答问题。场面再一次僵化，哄笑声也越来越大，"我来说、我来说"的声音充斥着我的耳畔……

我知道，如果此时让别的同学回答问题，就能顺利进行下去，可是这颗幼小的心灵将会再次受挫，关闭"爱上学习"的心门，如果在这里卡着，练习内容可能就完不成了……

犹豫片刻，我示意大家安静，并说道："别着急，我们给她一点时间好好想想，我觉得她能自己找到答案，如果实在想不出来，需要我们帮助，我们再来帮她。"

没想到，我的话音刚落，小梅居然说出了答案，虽然声音不大，但是足以让全班听到，我看到班里的学生露出了惊讶的表情，不知是谁起的头，瞬间班里就响起了热烈的掌声，那分明是惊异的、欣喜的、鼓励的、开心的声音，久久没有停息……

我被这一幕深深地感动了，被感动的还有小梅，我们看到了她脸上从未露出过的浅浅的、羞涩的笑容，我仿佛看到了那被尊重的灵魂深处，正滋养出一棵嫩嫩的幼芽。

一股股暖流在每一个人的身上流淌着。

多好的孩子啊，只要我们给她一点阳光、雨露，她就能重拾自信，努力地成长！多好的孩子们啊，只要我们创设一个温暖、和谐、充满了尊重的课堂，就能让他们在潜移默化中，继续滋养着自己的纯真和善良。

道德与法治课上，小梅渐渐地变了，变得敢举手回答问题了！道德与法治课上，孩子们变了，变得越来越懂得理解和包容，在一片和谐声中，每个人都更有自信，每个人都在快乐地成长！

自此，我的心底住进了一个声音："孩子，别急，你慢慢来！孩子们，别急，咱们，慢慢来！"

第四章　光彩课堂作业设计

优化作业管理助力　学生全面发展

北京市房山区周口店中心小学　李雪冬

一、基本信息

北京市房山区周口店中心小学是一所农村中心校，一校五址，现有学生1465人，教师137名。中心小学始建于1953年，占地面积近2万平方米，下辖新街民族小学、瓦井小学、娄子水小学、长沟峪小学4所完全小学。学校秉承"让每一位同学都灿烂起来"的办学理念，通过三层次六领域的迎春花课程体系，探索让每一位同学都有成功体验的课堂。在百花满园的办学目标引领下，着力培养出"言信行果，心明眼亮"的灿烂少年，培养出一支活力四射、立足本职、岗位奉献的灿烂好老师团队。

二、作业整体设计说明

（一）前期调研

1. 学生自我诊断。我校开展了"我的问题我来找"学生学习自查活动。任课教师设计问题单，学生先进行个人自查，找出主要困惑和问题，再进行小组交流，梳理出小组共性问题。教师对学生提出的问题进行分类、整理，并以此为参考依据设计分层作业。

2. 学业水平调查。为了提高作业针对性和实效性，做到精准布置，任课教师对学生进行学业水平调查，设计诊断问卷，进行数据分析，完成学习现状调查表，确定不同发展水平学生。

3. 课堂教学调研。在全程质量评价过程中，我校每学年在第一阶段都安排诊断性评价，走进全体老师的常态课堂，依据《房山区小学学科课堂教学评价量表》进行评价，最终为每一位老师撰写课堂教学诊断报告。

通过对课堂、学生学业的调查，从不同维度提取第一手数据，为学校管理和教师设计作业提供最可靠、最科学、最准确的依据。

（二）全面落实国家关于减轻学生学业过重负担的规定

全面落实国家关于落实减轻学生学业过重负担的规定，坚持"以生为本"的理念，准确把握作业的评价、诊断、导向功能。规范学校作业管理，提高教师作业设计能力与运用作业改进课堂教学的能力，把作业作为磨炼学生良好心境的载体，作为培养学生良好书写习惯的舞台，作为提升学生学业水平的重要途径。

（三）作业设计与统筹

1. 学校统一作业结构。根据学生学业水平现状及学生个性化问题梳理设置分层作业。我校重点设置了随堂达标作业、课后巩固作业和课外拓展作业。前两者为基础性作业要求全员完成，以学科作业本方式呈现，内容以识记、理解为主，以学科学业水平达标为目的。拓展性作业要求提高层学生完成，其他学生自选，以每日一题的方式呈现，以运用、创新为主，以培优为目的。

2. 学校建立作业统筹公示制度。制度规定由教研组和班主任来统筹作业总量。首先各学科教研组设计作业时要考虑每次作业时长的问题，设计适量的作业，然后各学科教研组作业设计统一发送给年级教研组长进行多学科统筹，计算总时长，超出60分钟的由年级组长协调解决，最后发送到各班再根据班级具体情况做统筹，协调各学科任课教师进行调整，保证作业总量不超标准。班主任每天要将最终作业设计在班内明显位置进行公示。

三、详细作业设计举例

（一）作业不在做而在想，把作业当成课堂教学的延续

作业以纸质呈现出来，其背后应该饱含学生的缜密思维，是学生内心活动的表达，所以这就要求教师布置作业要有思维含量，避免机械的抄写。由此我们重视课堂两端的延伸，把思考前置于上课之初，后续在下课之余，构成一个整个思维链条，这样有利于学生掌握知识形成能力。

1. 重视预习，为学新知热身。

我校"四有三精"课堂教学模式中的第一个环节就是学生自主学习，根据学科和年级特点形成相对固定的预习模式，比如低年级语文的读文圈点、高年级数学的调查与思考。预习突出动脑而不在动笔。

举例：以三年级下册《分数的初步认识》的预习单为例。

①根据这些信息，你能提出哪些数学问题？

②猜一猜：结果可能是多少？将自己的想法整理清楚并说一说。

③通过用学具摆一摆、画一画等验证方式，验证自己的猜想。

预习题目的设计，首先要联系学生生活实际，从学生生活出发，调动学生积极性；其次在自主学习过程中能够发散学生思维，锻炼学生发现问题并提出问题的能力；还可以让学生经历猜想和验证猜想的过程。在验证猜想的过程中充分锻炼学生的动手实践能力。

2．重视拓展，为新知增值。

课后作业不仅是为了巩固新知，更重要的是学生课堂思维的延续，要顺着课堂教学的思维主线精心设计作业。力求有连续、有提高、有拓展。

①有连续。主要指思维上有连续。学生在课堂上思维不断碰撞、经历逐渐清晰的过程，并带着新的思考、新的问题走出课堂，这样作业就成为最有效的衔接手段。教师要在学生思维的基础上设计作业形式和内容。

比如：五年级科学《水的蒸发与凝结》一课，学生经历观察、实验，对水的蒸发与凝结有了清晰的认识。老师在下课之前提出这样一个问题："玻璃上的小水珠在生活中有时会影响我们的生活，那你有什么办法使小水珠消失呢？"这样的问题让学生在课堂思维的基础上进行逆向思维，会收到很好的效果。

②有提高。主要指深度上有提高。教师要对教材深度挖掘，把握隐含的知识点，进而设计有价值、有一定难度的问题，目的在于启发学生思维，培养综合运用知识的能力。

③有拓展。主要指广度上有拓展。在题型上拓展，有动手实践性作业、动脑思维性作业、动眼观察性作业、动口表达性作业等，根据教学内容需要自主选择。在思维上拓展，主要表现在实践上，比如一题多解、运用知识解决实际问题、创编题目等。

举例：小学四年级数学《小数》的教学。

在学生学习完生活中的小数内容后，教师可以安排这样的拓展训练：小明在读一件商品的价签时把小数点丢了，结果读成了三千零五，原来的小数读出来只读一个零，那么原来的小数是多少？

这道题的设计有几方面的意义，第一，题目贴近学生生活实际，来源于生活；第二，有一定开放性，有利于拓展学生思维；第三，有利于教育学生养成认真严谨的好习惯。

（二）作业不在管而在导，把作业当成学生自主发展的载体

作业的布置一定要考虑学生的感受，学生是作业的主体，他有权进行自主选择。教师要为学生搭建一个平台，给学生一定的开放空间。这样学生对作业会产生积极的情感态度，会用心主动完成，学有余力的学生还会自主安排一些拓展作业。

1．重差异、实施分层作业。在双减精神指引下，我们以作业时间为控制量，分层设计作业，在规定时间内由学生自主选择。这样因需而设计的作业既能让优等生吃得饱，又能让其他学生吃得好。

举例：以六年级语文上册《金色的鱼钩》训练单为例。

【基础练习】[必做题]

①用"√"选择带点字的读音。

②把词语补充完整。

③选择完全正确的一组词画"√"，把错的圈画出来，并改正。

【拓展练习】[选做题]

①课文三次写"哭"，把描写"哭"有关语句摘录下来。这三次"哭"，对表现老班长的高尚品德起了什么作用？

②阅读回答问题。认真读上面一段话，这段话主要写了什么内容？"啊！我不由得呆住了。"这里感叹号的作用？"呆住了"的原因是什么？

上面设计的训练习题，分为基础、拓展两个层次。要求学生必须完成基础题，使学生掌握基础性知识，拓展题可自由选择，让不同层次学生都能有所得。

2. 彰显个性，实施自主作业。

苏霍姆林斯基在《给教师的建议》里写道："想克服负担过重的现象，就得使学生有自由支配的时间。"新课程理念下的语文作业必须以人为本，充分尊重学生的个性，发挥学生的能动性，体现自主的学习方式。

以我校积累展示活动为例，给学生自主发展的广阔空间，它的随机性、实用性、开放性便于学生操作，可信手拈来、随心所欲，到处积累、适时展示。

①指导学生积累。积累的途径，课内与课外相结合。以语文课堂的课文为基点，延伸到课外，通过看电视、书报、上网、问询各种途径积累。积累的内容形式：好词好句、谚语格言、佳段。按周提出课外积累主题，如六年级爱国的、尊师的、思乡的、描写季节的古诗、段落，格言警句是有关励志、学习勤奋、读书的。结合语文课的学习，学生能够按要求积累每篇课文的好词佳句。另外，我根据每周或每月相关的节日或活动，要求学生积累相关的内容。

②课外阅读是学生精神生活和语言实践的一个重要方面。指导课外阅读，激励学生爱上书籍是语文老师的职责所在。利用班级的图书角，积极开展了读书活动，并让学生结合自己读书的心得，完成读书卡和好书推荐卡。

③学生在积累阅读展示活动中收集信息、设计、自我管理的能力得到了培养和提高。读书的兴趣进一步得到培养和激发。通过学生展示交流，体现了读书积累带给孩子们的乐趣。

四、作业实施过程管理

（一）作业之制

设计作业突出"活"。以巩固为目的的作业基本上随堂完成，课后作业以提升能力解决问题为主。要求教研组团队研究作业重点在"活"字上下功夫。做到题目情景鲜活，选取学生身边实际问题；作业形式灵活，设计探究性、实践性、创新性问题，激发学生作业的兴趣；作业功能要激活，要以课标为依据，要考虑学情，让学生跳一跳就够得着，切实发挥作业评价、激励功能。

（二）作业之做

完成作业突出"思"。提出做题四思，要求学生做作业时注重思考，看到作业不要着急做，先读懂作业内容和要求，思考内部之间的联系。再思考解题策略，形成解决问题的方法。接着思考相关知识点、知识链，完成作业。最后反思完成情况，保证答案正确、完整。

（三）作业之阅

批阅作业突出"情"。批阅是一次师生隔空的对话，要通过学生作业诊断出学生学业水平，透视出学生学习状态。所以要求教师在批阅的时候提倡用"情"，多用激励性评语，个别问题提倡面对面交流，帮助分析问题，给出修改建议。

（四）作业之改

修改作业突出"准"。在学生作业出问题的时候，一定要找准问题成因。先由学生自主修改，要相信学生，对所有错题必做的是思考出错原因，可在错题积累本上做记录。对问题比较大的，教师出手帮助寻找更加深层次原因，反思自己的教学，不断改进课堂。

（五）作业之评

评价作业突出"晒"。学生的作业要敢于拿出来晒，要禁得起晒。在晒作业的过程中相互激励、相互促进。

五、作业管理改进反思

（一）我们的收获

通过对作业的规范管理、督导检查、作业展示和优秀作业评比活动的开展，作业质量稳步提升，学生主动性、积极性越来越高，减负提质有了一定的成效。通过宣传典型，带动了全体教师的共同提高，既促进教师之间的工作交流，也为教师提供了展示的舞台。同时也为学生提供一个展现自己良好作业习惯和作业质量的机会，从而培养学生的担当精神和责任感。

（二）我们的困惑

1. 教师对作业的认识不足。认为作业就是巩固学生所学知识，反馈学生学习效果的手段。在这种认识的支配下产生机械性作业、重复性作业的现象，形成了三多三少的局面，即作业数量多、思维量少，动笔多、动手少，统一布置多、自主拓展少。

2. 家长对作业的认识偏差。一直以来激烈的升学竞争导致家长对孩子学习成绩的过度期待，于是多数家长通过购买教辅材料，以提高孩子的学习成绩，从而大大增加了孩子的课业负担。

3. 孩子对作业的认识误区。孩子具有童真、童趣，对枯燥的作业没有发自内心的浓厚兴趣。在他们看来作业就是完成老师布置的任务，是一种负担，所以造成写作业潦草、不动脑、边写边玩、错误率高等现象。

（三）我们的设想

我们认为教师应进一步学习新课标和专业知识，提高自身素质，能依据教育教学理论和学科特点，设计出能全面提高学生素养的科学化的作业，让学生通过作业中的做事、思考、合作来体验学习的乐趣，为走向社会奠定基础。"双减"背景下，让我们担起立德树人使命，做好作业管理工作，五育并举，促进学生全面发展。

语文学科作业设计：

一、基本信息

基本信息					
学校	北京市房山区周口店中心小学	学科	语文	姓名	吕欣
年级	六年级	案例所属教科书版本		部编版	
案例所属单元主题		理想和想念			

二、作业设计说明

单元教学内容说明	单元结构图	
	单元学习目标	1. 会写28个字，会写37个词语，有感情地朗读课文。背诵《古诗三首》、一组有劝勉意义的俗语和《为人民服务》的第2至第3自然段。默写《竹石》。 2. 把握课文的主要内容，能关注人物的外貌、神态、言行的描写，借助相关资料，体会人物的品质，受到革命文化教育。 3. 能选择适合的材料与方式表达自己的心愿，并用修改符号自主修改习作。 4. 能围绕文章的开头和结尾展开交流，并体会这样写的好处。能联系读过的古诗，了解哪些事物被赋予了人的品格和志向。
	课时分解	《古诗三首》1课时 《十六年前的回忆》1课时 《为人民服务》1课时 《董存瑞舍身炸碉堡》1课时 《语文园地》1课时 《综合练习》1课时
学情分析		本单元编排了两个语文要素，一个是"关注外貌、神态、言行的描写，体会人物品质"，一个是"查阅相关资料，加深对课文的理解"，这两个要素学生在三到五年级时都已分别学过，本单元学习是进行阶段性的巩固练习而已。本单元课文讲述的故事也有一定的时代性，与学生的生活有一定距离，理解起来有一定的障碍。阅读前，对文章的写作背景及作者的生活背景缺乏了解；阅读中，关注了外貌、神态、言行的描写，但对人物品质还是体会不深；阅读后，对作者的表达意图、文章的写作意义仍不太理解。基于以上学情，设计了本单元作业，以促进学生全面发展。

作业目标	1. 能通过不同形式的练习，巩固本单元所学生字词，背诵并默写古诗词。 2. 通过课内外阅读实践，体会外貌和神态描写对刻画人物形象的作用。 3. 能根据阅读的需要，采用适当的方法，加深对文章的理解，了解先辈的革命事迹。 4. 能在教师的指导下选择适合的材料与方式表达自己的心愿。 5. 能通过相关练习，联系读过的古诗，想象画面，了解哪些事物被赋予了人的品格和志向。
作业类型	1. 巩固型作业：针对教学目标中的知识目标，通过作业进行适当的巩固和强化而设计。 2. 拓展性作业：针对教学目标中的方法、能力目标，通过作业引导学生在多种语言实践活动中迁移运用、逐步内化而设计。 3. 综合型作业：主要针对本课知识、能力、习惯、方法、情感、态度等方面目标的综合体现，以实际运用为主。
作业使用方法	精读课文和语文园地中基础型作业可在第一课时完成后进行或随堂进行，拓展型作业和综合型作业要在本课结束后进行；略读课文所有作业在完成本课学习之后进行。综合练习设计时间为四十分钟，可根据实际情况删减使用。单元综合型作业完成后，教师可根据自己班级或学校的实际情况选择课上、课下或线上等方式进行展示。

三、详细作业设计

课题名称	《古诗三首》
作业目标	1. 通过不同形式的练习，巩固本课所学生字词，背诵并默写古诗词。 2. 通过相关练习，联系读过的古诗，想象画面，了解哪些事物被赋予了人的品格和志向。
作业内容	一、巩固型作业 1. 同学们对本课三首古诗的内容进行了回顾，请你帮忙补全对话。 我能根据下图，猜出这是本课哪个生字的演变过程。 我知道表示用黄金装饰的马笼头是： 我知道古人借诗表达意愿，表明志向。诗人李贺以"_____，_____"表达自己建功立业，报效祖国的意愿；诗人于谦以"_____，_____"表达自己不畏艰难、坚贞不屈的高尚品质；诗人郑燮以"_____，_____"表达自己的刚正不阿、铁骨铮铮。

我发现：在古诗中，事物往往被赋予了人的品格和志向。

比如：小草——看似渺小，却有着令人惊叹的力量。

梅花——在逆境中坚持。

你还知道哪些？请把它们积累下来：

_____

_____

_____

二、拓展型作业

阅读材料，完成练习。

【材料一】

画菊

【宋】郑思肖

花开不并百花丛，独立疏篱趣味穷。

宁可枝头抱香死，何曾吹落北风中。

【材料二】

郑思肖（1241—1318年），南宋诗人。元军南侵时，郑思肖曾向朝廷献抵御之策，但未被采纳。南宋灭亡以后，作者便一直在隐居在苏州一个和尚庙里，终身不仕，坐着、躺着的时候都朝着南方，表示不忘宋朝，这首诗是作者在南宋灭亡以后所写。

1. 诗的前两句写_____；后两句描述了_____的菊花形象。

2. 材料一"宁可枝头抱香死，何曾吹落北风中"写得巧妙，其中"_____"一语双关，既指天气，又暗示从北方来的侵略者，诗句表达了诗人_____的精神。我还知道运用这一写法的诗句有_____。

3. 结合材料二中郑思肖的生平事迹，说说你对这首诗的感受。

_____

_____

三、综合型作业

1. 试对课文中的三首诗进行比较，完成下面的表格。

	内容	表达情感	表现手法
《马诗》			
《石灰吟》			
《竹石》			

2. 于谦在《石灰吟》中，用"粉骨碎身浑不怕，要留清白在人间"描写了自己视死如归、不怕牺牲的精神，表达了诗人坚守高尚节操的决心。由此我还想到了_____、_____等革命烈士。请查找相关资料，了解他们的感人事迹！

3. 了解他们的感人事迹后，快来写出两句表达这些人物视死如归、凛然正气的名句！（注明作者）

作业内容

课题 名称	《十六前的回忆》
作业 目标	1. 通过不同形式的练习，巩固本课所学生字词。 2. 通过课内外阅读实践，体会外貌和神态描写对刻画人物形象的作用。 3. 能根据阅读的需要，采用适当的方法，加深对文章的理解，了解先辈的革命事迹。
作业 内容	一、巩固型作业 1. 阅读下面这段文字，完成（1）—（4）题。 后来局势越来越 yán jùn（　　　）了，父亲的工作也越来越紧张。有一天，一群穿制服和长筒 pí xuē（　　　）的宪兵，一拥而入，他们像一群 mó guǐ（　　　）似的把父亲绑起来，拖走了。十几天后，我们在法庭上见到了父亲。那一面后，等来的是父亲被 zhí xíng（　　　）绞刑的消息。 资料袋：漫步在北京西郊的香山脚下，行至万安公墓的西南侧，一座庭院式仿古建筑巍然眼前。雕栏玉砌，飞檐斗拱间，无不彰显出文人雅韵。这便是李大钊烈士陵园！在陵园广场，李大钊烈士墓和李大钊烈士纪念碑前，矗立着一尊两米高的李大钊烈士汉白玉雕像。李大钊烈士昂首挺胸，背负双手，气宇轩昂，栩栩如生，目光中透露着泰然自若和百折不挠的刚毅神情，那深邃的目光仿佛穿越了中国共产党百年历史的壮阔波澜。 （1）看拼音写词语，注意把字写美观。 yán　jùn　　pí　xuē　　mó　guǐ　　zhí　xíng （田字格） （2）本文出自《十六年前的回忆》，请梳理课文内容，完成下面的时间轴。 被捕前　　　　被捕时　　　　被审时　　　　被害后 父亲焚烧资料，　　　□　　　父亲依然镇定、　　□ 拒绝转移，坚持斗争。　　　　　沉着。 （3）请根据课文中对父亲李大钊的描写，把左右两边连一连。 他的神情非常安定，非常沉着。　　　　通过对父亲的神态描写，写出了父亲在危难时刻为了理想从容赴死的感人形象。 父亲坚决地对母亲说："不是常对你说吗？我是不能轻易离开北京的。你要知道现在是什么时候，这里的工作多么重要。我哪能离开呢？"　　　　通过对父亲的动作描写，展现了革命者的沉着、坚定。 　　　　通过对父亲的语言描写，表现了父亲无私无畏的革命精神。 父亲不慌不忙地向外走去。 （4）读了资料袋的内容，我不禁想到了刚刚学过的《　　　》中的诗句"＿＿＿＿＿＿＿＿＿＿＿，＿＿＿＿＿＿＿＿＿。"

二、拓展型作业

死也不倒下

吉鸿昌同志是共产党员。在党的领导下，他坚决抗日，尽力为党工作。蒋介石恨死了他，把他逮捕了。

吉鸿昌从天津被押解到北平。刚一下车，敌人就给他看一份电报，上面写着"立刻处决"四个字，妄图吓唬他，要他投降。吉鸿昌看了，平静地说："行啊！你们什么时候动手？"

有一次，反动头目何应钦亲自审讯，要吉鸿昌说出抗日活动的秘密。吉鸿昌把眼睛一瞪，大声说："抗日是四万万五千万中国人民的事情，有什么秘密！只有蒋介石和你们，跟日本勾勾搭搭，尽干些祸国殃民的坏事，才有见不得人的秘密。"何应钦被骂得张口结舌，恼羞成怒。敌人用尽毒刑，把吉鸿昌打得遍体鳞伤。直到临死前一夜，吉鸿昌还在狱中宣传抗日。有人劝他休息一下，他说："我就要永远'休息'了，你让我多宣传几句吧！"

就义那一天，吉鸿昌像出门散步一样，从容不迫地出发了，在刑场上，他对特务说："告诉你们，我为抗日死，可不能跪下挨枪，我死了也不能倒下！"

"你说怎么办呢？"特务们有些害怕了。

"给我拿把椅子来，我得坐着死。"

椅子拿来了，吉鸿昌厉声地对那个拿枪的特务说："我为抗日而死，死得光明正大，不能在背后挨枪。""那你说怎么办？"那特务发抖地说。"你在我眼前开枪。我要亲眼看到敌人的子弹是怎样打死我的。"

那特务愣了一下，只好走到前面，发抖地举起枪。吉鸿昌瞪起两只大眼，高呼："打倒日本帝国主义！中国共产党万岁！"

枪响了，吉鸿昌同志为革命事业壮烈地献出了自己的生命。但是，他那"死也不倒下"的英雄形象，却永远活在人们的心里。

1. 文中运用多种描写方法来塑造人物形象，下面的理解和分析不正确的一项是（　　　）

A. 句子"那特务愣了一下，只好走到前面，发抖地举起枪。"是对特务的神态和动作描写，此处将吉鸿昌和特务进行了对比，从侧面表现了吉鸿昌藐视敌人的光辉形象。

B. "吉鸿昌像出门散步一样，从容不迫地出发了"一句是对人物的动作和神态描写，表现了吉鸿昌大义凛然、视死如归的精神。

C. "'那你说怎么办？'那特务发抖地说"一句运用了心理描写，写出了特务的慌张和胆怯神色。

D. 文章写"就义那一天"的情景时，对吉鸿昌的描写以语言描写为主。

2. 吉鸿昌把眼睛一瞪，大声说："抗日是四万万五千万中国人民的事情，有什么秘密！只有蒋介石和你们，跟日本勾勾搭搭，尽干些祸国殃民的坏事，才有见不得人的秘密。"一句是对人物的_____和_____描写，表现了吉鸿昌_____的精神。

3. 文中有不少吉鸿昌的语言描写，摘录令你最感动的一处，并说说为什么感动？

_____

_____

4. 标题"死也不倒下"的含义是什么？

_____

三、综合型作业

无数革命先烈为了民族解放和人民幸福，浴血奋战，前仆后继。李大钊、刘胡兰、董存瑞，还有飞夺泸定桥的红四团……他们在革命事业的道路上谱写了壮烈的篇章。查找资料，了解先烈的革命事迹，结合本单元学到的阅读方法，和同学交流，完成阅读笔记。

阅读笔记	
革命先烈	
主要事迹	
最令我感动的情节	
结合本单元学到的阅读方法谈谈我的收获	

作业内容

课题名称	《为人民服务》
作业目标	1. 能通过不同形式的练习，巩固本课所学生字词，背诵并默写第2至第3自然段。 2. 通过课内外阅读实践，体会外貌和神态描写对刻画人物形象的作用。 3. 能根据阅读的需要，采用适当的方法，加深对文章的理解，了解先辈的革命事迹。
作业内容	一、巩固型作业 1. 阅读课文选段及相关资料，完成（1）—（4）题。 　　人总是要死的，但死的意义有不同。中国古时候有个文学家叫作_____的说过："人固有一死，或重于泰山，或轻于鸿毛。"为_____而死，就比_____还重；替法西斯卖力，替_____去死，就比_____还轻。张思德同志是为人民利益而死的，他的死是比泰山还要重的。 　　资料袋：张思德出生在四川省仪陇县一个穷苦农民家庭。1933年12月参加红军，不久加入共青团。1937年10月，加入中国共产党。曾经担任过中央警备团警备班长和毛泽东的卫士。在一次反六路围攻的战斗中，他右腿先后两次负伤，他仍强忍剧痛，冲入敌阵，缴获了敌人两挺机枪。在长征途中，他曾两度经过人迹罕至的雪山、草地，历尽千辛万苦。1944年9月5日，他带领战士们在陕北安塞县执行烧炭任务时，即将挖成的窑洞突然塌方，他奋力把战友推出洞去，自己却被埋窑洞，牺牲时年仅29岁。 　　（1）把空白处补充完整。 　　（2）"固"在字典里的解释如右图，下面词语中与"人固有一死"中的"固"字意思不相同的一项是（　　）。 　　A.固有面目　　B.固若金汤　　C.固当如此　　D.蛇固无足 　　（3）下列诗句中不能体现"人固有一死，或重于泰山"的一项是（　　）。 　　A.人生自古谁无死，留取丹心照汗青。 　　B.我自横刀向天笑，去留肝胆两昆仑。 　　C.杀了夏明翰，还有后来人。 　　D.遥知不是雪，为有暗香来。 　　（4）本文出自《为人民服务》，结合课文内容和资料袋，下列描述错误的是（　　）。 　　A.张思德同志于1944年9月5日牺牲，《为人民服务》是1944年9月8日，毛泽东同志在张思德同志的追悼会上作的演讲。 　　B.课文围绕"为人民服务"讲了正确对待批评，为人民的利益坚持好的、改正错的。 　　C."为人民服务"的含义就是革命队伍要解放人民，彻底地为人民的利益工作。 　　D.张思德同志是为救战友而牺牲的，文章讲了为人民服务的道理，号召人家学习张思德完全、彻底地为人民服务的精神。 　　二、拓展型作业 　　十里长街送总理 　　天灰蒙蒙的，又阴又冷。长安街两旁的人行道上挤满了男女老少。路那样长，人那样多，向东望不见头，向西望不见尾。人们臂上都缠着黑纱，胸前都佩着白花，眼睛都望着周总理的灵车将要开来的方向。【A】一位满头银发的老奶奶，双手拄着拐杖，背靠着一棵洋槐树，焦急地等待着。【B】一对青年夫妇，丈夫抱着小女儿，妻子领着六七岁的儿子，他们挤下了人行道，探着身子张望。一群泪痕满面的红领巾，相互扶着肩，踮着脚望着，望着…… 　　夜幕开始降下来。几辆前导车过去以后，总理的灵车缓缓地开来了。灵车四周挂着黑色和黄色的挽幛，上面装饰着大白花，庄严，肃穆。人们心情沉痛，目光随着灵车移动。好像有谁在无声地指挥，老人、青年、小孩，都不约而同地站直了身体，摘下帽子，眼睁睁地望着灵车，哭泣着，顾不得擦去腮边的泪水。 　　就在这十里长街上，我们的周总理陪着毛主席检阅过多少次人民群众，迎送过多少位来自五洲四海的国际友人。人们常常幸福地看到周总理，看到他矫健的身躯、慈祥的面庞。然而今天，他静静地躺在灵车里，越去越远，和我们永别了！ 　　灵车缓缓地前进，牵动着千万人的心。许多人在人行道上追着灵车奔跑。人们多么希望车子能停下来，希望时间能停下来！可是灵车渐渐地远去了，最后消失在苍茫的夜色中了。人们还是面向灵车开去的方向，静静地站着，站着，好像在等待周总理回来。 　　（本文作者吴瑛，选用时有改动）

固：①结实；牢固②坚硬③固然④本来，原来⑤使坚固⑥坚决地；坚定地

1. 梳理情节，把握文章内容。

段落	叙述顺序	具体事情
第1自然段	等灵车	
第2-3自然段		灵车到来时，人们眼望灵车想念总理的悲痛场面。
第4自然段		灵车过去了，人们仍不肯离去。

2. 仿照下面的例子，给文中【A】【B】两处做批注。

例：人们心情沉痛，目光随着灵车移动。好像有谁在无声地指挥，老人、青年、小孩，都不约而同地站直了身体，摘下帽子，眼睁睁地望着灵车，哭泣着，顾不得擦去腮边的泪水。

批注：从老人、青年、小孩不约而同的动作中，我充分感受到了人们失去周总理的悲痛心情。从这些动作描写中，我也体会到周总理是一个受人爱戴的人。

【A】处，我的批注是：_____

_____

【B】处，我的批注是：_____

_____

3. 结合本文和本单元所学内容，说说你对"人固有一死，或重于泰山，或轻于鸿毛"这句话的理解和体会。

_____

_____

4. 为了让大家对周总理有更深入的了解，请查阅相关资料，为周总理制作一张资料卡。

周恩来

三、综合型作业

1. 通过查阅资料，我们了解到有些人物的死是"重于泰山"，有些人物的死就是"轻于鸿毛"。请你谈谈对某一人物的理解。

_____

_____

课题 名称	《董存瑞舍身炸碉堡》
作业 目标	1. 通过课内外阅读实践，体会外貌和神态描写对刻画人物形象的作用。 2. 能根据阅读的需要，采用适当的方法，加深对文章的理解，了解先辈的革命事迹。
作业 内 容	一、巩固型作业 1. 阅读下面这段文字，完成（1）—（4）题。 　　在这万分紧急的关头，董存瑞昂首挺胸，站在桥底中央，左手托起炸药包，顶住桥底，右手猛地一拉导火索。导火索哧哧地冒着白烟，闪着火花，火光照亮了他那钢铸一般的脸。一秒钟、两秒钟……他像巨人一样挺立着，两眼放射着坚毅的光芒。他抬头眺望远方，用尽力气高喊着："同志们，为了新中国，冲啊！" 　　（1）本文出自《董存瑞舍身炸暗堡》，请完成下面思维导图，理清文章写作顺序。 　　□ ⇒ □ ⇒ □ ⇒ 舍身炸 暗堡 ⇒ □ 　　（2）给下面的句子选择正确的描写方法，并回答问题。 A.语言描写　　B.动作描写　　C.心理描写　　D.神态描写 ①董存瑞昂首挺胸，站在桥底中央，左手托起炸药包，顶住桥底，右手猛地一拉导火索。（　　） ②他抬头眺望远方，用尽力气高喊着："同志们，为了新中国，冲啊！"（　　）（　　） 从中我们可以感受到董存瑞是一个＿＿＿＿＿＿＿＿的人。 二、拓展型作业 　　　　　　　　　　　　　　红岩（节选） 　　那是一个非常晴朗的日子。守望在牢门边的人们清楚地看见，一辆卡车和一辆吉普车急速地向渣滓洞开来。特务说要把江姐和另一批同志转移到别的地方去。 　　这时，江姐正伏在来上草拟一份学习讨论提纲。听见叫她的名字，江姐不慌不忙地把未写完的讨论提纲塞在另一个同志的床铺下面，随即起身，拿起梳子对着墙上那面破镜，像平常一样梳着她的黑发。 　　同牢房的人听说江姐要被转移，心里很难过，都跑过来围着江姐，忙着帮她收拾行李。但一看到她那样平静的表情，大家都不安起来。 　　江姐梳好了头，从枕头下面取出了她那件洗得干干净净的、被捕时穿的旗袍，脱了打着"X"号的囚服。 　　蓝色的旗袍外面套一件玫瑰色的短毛线衣。江姐习惯地用手拍拍身上的灰尘，再理着旗袍上的折痕，然后弯下身子擦去皮鞋上的污泥。她又在镜子面前看了一下，在室内试着走了几步，像要去赴什么隆重的宴会似的。 　　特务在门外不停地催促，江姐准备告别女室的同志。 　　"江姐，你的换洗衣服……"一个女同志把江姐的衣服、毛巾、牙刷收拾在一个小布包里。 　　江姐轻轻地接过布包，看了一眼，又递给那位女同志。"留给大家吧。看见这些东西，就等于看见我一样。"布包落在地上。同牢房的人忍不住流下了眼泪，哭了起来。 　　这时，从走廊上传来了一阵急促的脚步声。成群的男同志，戴着手铐，从牢房里从容地走出来，一路上和每一间牢房里伸出来的手紧握着告别。江姐抬起头来，像对自己，也像对着大家说："要勇敢一些！每一个革命者，当他面临着最后考验的时候，都应该面不改色，心不跳！" 　　江姐讲完以后，大步向牢门走去。她走到门口停了下来，回头看了室内一眼:熟悉的八张双层铺，一张小条桌，墙上的破镜…… 　　"同志们，永别了！" 　　"江姐！江——姐——"人们像猛地醒过来似的，红肿着眼睛，从签子门缝中望着她离去的背影。 　　江姐和其他男同志一起，挺立在囚车上面，像迎接庄严的战斗，像迎接即将到来的光明。看，他们的脸上充满着胜利的欢笑，洋溢着圣洁的光辉。

1. 根据短文的内容，请将表格补充完整。

语句	描写方法	人物品质
江姐不慌不忙地把未写完的讨论提纲塞在另一个同志的床铺下面，随即起身，拿起梳子对着墙上那面破镜，像平常一样梳着她的黑发。		
江姐习惯地用手拍拍身上的灰尘，再理着旗袍上的折痕，然后弯下身子擦去皮鞋上的污泥。她又在镜子而前看了一下，在室内试着走了几步，像要去赴什么隆重的宴会似的。		视死如归
	语言描写	

2. 江姐和其他革命志士上了敌人的囚车，就意味着他们将牺牲在敌人的屠刀之下。作者却在结尾写到"看，他们的脸上充满着胜利的欢笑，洋溢着圣洁的光辉。"作者为什么这样写呢？

_____

_____

_____

3. 读了文章，最让你感动的情节是什么？结合文中江姐的语言、动作描写等，谈谈你的感受。

_____

_____

_____

三、综合型作业

1. 红军长征中发生了很多感人至深的故事，请你结合长征路线简图，收集资料，了解长征途中发生过的感人故事。把你印象深刻，希望推荐给大家的人物故事讲给同学听，请结合本单元所学说说你是用什么方法阅读的，在阅读过程中有哪些收获，受到了怎样的启迪。

2. 资料袋：2019年8月，《光明日报》军事部记者章文参加了"记者再走长征路"主题采访活动，沿着当年红军的足迹走过了湖北、陕西、宁夏，最后来到甘肃会宁。"这一路走来，实地了解了当年红军长征的非凡历程，尝到了长时间赶路的辛苦，也收获了满满的感动与成长。"她表示，长征不仅仅是一段历史，更是一座精神的宝库，作为青年更应该珍视这份历史的馈赠，坚定理想信念，不忘初心走好新时代的长征路。

请结合搜集的资料谈谈你所理解的长征精神。

_____

_____

_____

作业内容

课题名称	《语文园地》
作业目标	1. 能通过不同形式的练习，巩固本单元一组有劝勉意义的俗语。 2. 通过课内外阅读实践，体会外貌和神态描写对刻画人物形象的作用。 3. 能通过相关练习，联系读过的古诗，想象画面，了解哪些事物被赋予了人的品格和志向。
作业内容	一、巩固型作业 1. 词句段运用 父亲仍旧穿着他那件灰布旧棉袍，可是没戴眼镜。我看到了他那乱蓬蓬的长头发下面的平静而慈祥的脸。 （1）这句话对父亲进行了_____和_____描写，这样描写对刻画人物有什么作用？ _____ （2）如果删去这些内容，是否会影响文章的表达效果？说说你的理由。 _____ _____ （3）本文出自《为人民服务》，我可用诗句（　　）来赞扬李大钊。 A.为有牺牲多壮志，敢教日月换新天。 B.春蚕到死丝方尽，蜡炬成灰泪始干。 C.梅须逊雪三分白，雪却输梅一段香。 D.野火烧不尽，春风吹又生。 2. 我会积累 一个好的开头，可以激发读者阅读兴趣；一个好的结尾，可以增强文章的感染力，令人回味无穷。请你收集一些好的开头和结尾，积累在下面表格里，保留下来。 文章的开头 _____ _____ _____ 文章的结尾 _____ _____ _____ _____ 二、拓展型作业 **草地夜行** 　　茫茫的草海，一眼望不到边。我空着肚子，拖着两条僵硬的腿，一步一挨地向前走着。背上的枪支和子弹就像一座山似的，压得我喘不过气来。唉！就是在这稀泥地上躺一会儿也好啊！ 　　迎面走来一个同志，和我并肩朝前走。他比我高两头，宽宽的肩膀，魁梧的身材，只是脸又黄又瘦，两只眼睛深深地陷了下去。 　　我亲热地问他："同志，你在哪部分工作？我怎么从来没见过你啊？""我吗？在军部。现在出来找你们这些掉队的小鬼。"他一边说，一边摘下我的枪，连空干粮袋也摘了去。"咱们得快点儿走哇！你看，太阳快落了。天黑以前咱们必须赶上部队。这草地到处是深潭，掉下去可就不能再革命了。"听了他的话，我快走几步，紧紧地跟着他，但是不一会儿，我又落下了一大段。

他焦急地看看天又看看我，说："来吧，我背你走！"我说什么也不同意。这下他可火了："别磨蹭了！你想叫咱们俩都丧命吗？"他不容分说，背起我就往前走。

天边的最后一丝光亮也被黑暗吞没了。满天堆起了乌云，不一会儿，下起大雨来。我一再请求他放下我，怎么说他也不肯，仍旧一步一滑地背着我向前走。突然，他的身子猛地往下一沉。"小鬼，快离开我！"他急忙说，"我掉进泥潭里了。"我心里一惊，不知怎么办好，只觉得自己也随着他往下陷。这时候，他用力把我往上一顶，一下子把我甩在一边，大声说："快离开我，咱们两个不能都牺牲！要……要记住革命！……"我使劲伸手去拉他，可是什么也没有抓住。他陷下去了，已经没顶。

我的心疼得像刀绞一样，眼泪不住地往下流。多么坚强的同志！为了我这样的小鬼，为了革命，他被这可恶的草地夺去了生命！

风，呼呼地刮着。雨，哗哗地下着。黑暗笼罩着大地。"要记住革命！"我想起他牺牲前说的话。对，要记住革命！我抬起头来，透过无边的风雨，透过无边的黑暗，我仿佛看见了一条光明大路，这条大路一直通向遥远的陕北。我鼓起勇气，迈开大步，向着部队前进的方向走去。

1. "他比我高两头，宽宽的肩膀，魁梧的身材，只是脸又黄又瘦，两只眼睛深深地陷了下去。"从这句外貌描写中你读出了什么？

_____

_____

2. 有同学根据文中的描写方法做了一份读书笔记。请根据提示，补全相关内容。

摘录	赏析
突然，他的身子猛地往下一沉。"小鬼，快离开我！"他急忙说，"我掉进泥潭里了。"	通过人物的语言描写突出老红军舍己为人的精神。
这时候，他用力把我往上一顶，一下子把我甩在一边，大声说："快离开我，咱们两个不能都牺牲！要……要记住革命！……"	

3. 请结合本单元学到的阅读方法，抓住文中描写老红军言行的词句，说说短文中的老红军战士最感动你的地方。

_____

_____

三、综合型作业

1. 本单元我们已经学习了很多的阅读方法，请把你在本单元中的学习收获，和同学们一起交流吧！

我学习到了关注文章中关于人物的外貌、神态、语言、言行等描写，体会人物的内心和品质。比如《毛主席在花山》一文中，通过描写毛主席神态、语言、动作的语句，让我体会到毛主席的平易近人、和蔼。

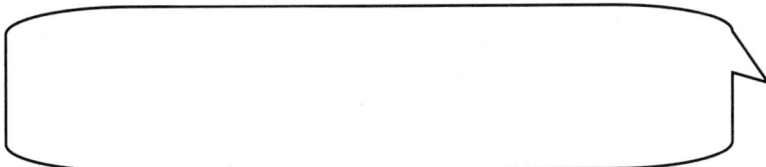

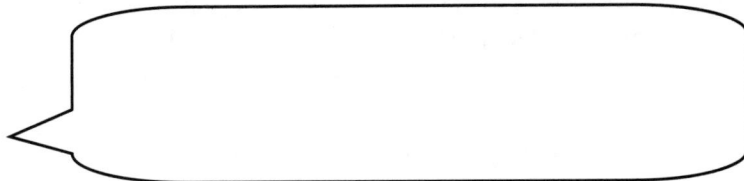

作业内容	

2.在班级内开展一次"红色小讲堂"阅读分享会，请你根据前面搜集的历史革命故事、长征路上发生的感人故事，结合学到的阅读方法，介绍一下你心目中的英雄吧！

课题 名称	《综合练习》
作业 目标	1. 通过不同形式的练习，巩固本单元所学生字词，背诵并默写古诗词。 2. 通过课内外阅读实践，体会外貌和神态描写对刻画人物形象的作用。 3. 能在教师的指导下选择适合的材料与方式表达自己的心愿。
作业 内容	一、积累·运用 1. 阅读下面这段文字，完成（1）—（4）题。 　　局势越来越严峻，（mó guǐ）般残暴的敌人，逮捕了数名共产党员。无数的革命先烈受尽（kù xíng），仍然如疾风中的劲草坚强不屈。他们为人民利益而（xī shēng），就是比泰山还重；而那些替剥削人民利益和（yā pò）人民的人去死，就比鸿毛还轻。 （1）看拼音，规范书写汉字。 　　mó　guǐ　　　kù　xíng　　　xī　shēng　　　yā　pò （2）下列词语，加点字在文中读音正确的一项是（　　）。 A.逮捕（dài）剥削（xuē）　　B.逮捕（dǎi）剥削（xuē） C.逮捕（dǎi）剥削（xiāo）　　D.逮捕（dài）剥削（xiāo） （3）下列词语，书写有误的一项是（　　）。 A. 严峻　　B. 残爆　　C. 疾风　　D. 泰山 （4）与"劲草"一词中"劲"的意思不同的一项是（　　）。 A.强弓劲弩　　B. 坚劲　　C. 干劲十足　　D. 劲风 2. 下列词语中，读音不正确的一项是（　　）。 A.张作霖（lín）　　阎（yán）振三　　娱（yú）乐场　　暂（zhàn）时 B.宪（xiàn）兵　　侦（zhēn）探　　押（yā）下去　　李大钊（zhāo） C.轻于鸿（hóng）毛　　李鼎铭（míng）　　追悼（dào）会　　郓（zhì）顺义 D.匍（pú）匐（fú）　　战壕（háo）　　凹（āo）地　　扑哧（chī）扑哧 3. 下列词语中，书写有误的一项是（　　）。 A.金络脑　千锤万凿　烈火焚烧　幼稚可笑 B.避免　严峻　瞪眼　僻静 C.皮靴　炊事员　批评　棉袍 D.执行　彻底　司马迁　泰山 4. 把下列词语补充完整，再根据要求填空。 （　）骨（　）身　（　）（　）其所　（　）（　）冲冲　目（　）转（　） （　）兵（　）政　（　）（　）一息　热气（　）（　）　喜出（　）（　） （1）指死得有价值、有意义的词语是 ＿＿＿＿＿＿＿。 （2）形容气息微弱，临近死亡的词语是 ＿＿＿＿＿＿＿。 （3）用来形容人盛怒的样子的词语是 ＿＿＿＿＿＿＿。 5. 选择恰当的词语填空。 注视　仰望　环顾　俯视　瞻仰 （1）站在塔顶，（　　）大地，好一派生机勃勃的景象。 （2）上课了，老师走进教室，（　　）四周，开始上课。同学们（　　）着老师，听得很认真。 （3）清明节那天，我们来到烈士陵园（　　）先烈。 （4）夏天的傍晚，我最喜欢（　　）夜空，看那无数星星对我眨眼睛。 6. 下列诗句有错误的一项是（　　）。 A.千磨万击还坚劲，要留清白在人间。 B.何当金络脑，快走踏清秋。 C.咬定青山不放松，立根原在破岩中。 D.千锤万凿出深山，烈火焚烧若等闲。

作业内容

7. 对下列语句运用的描写方法判断有误的一项是（　　）。

A.老班长忽然严厉地说："小梁同志，共产党员要服从党的分配。你的任务是坚持走路，安定两个小同志的情绪，增强他们的信心！"（语言描写）

B.我悄悄背转身，擦擦眼睛，大口大口地咽着鱼汤。（动作描写）

C.他个子挺高，背有点儿驼，四方脸，高颧骨，脸上布满了皱纹。（外貌描写）

D.他那披散的长头发中间露出一张苍白的脸，显然是受过苦刑了。（心理描写）

8. 填一填

诗句	事物	诗人的品格和志向
千磨万击还坚劲，任尔东西南北风		
不要人夸好颜色，只留清气满乾坤	梅	
荷尽已无擎雨盖，菊残犹有傲霜枝		

9. 行孝道要及时，要趁着父母健在的时候，而不要等到父母都离去才想起来。正如古人所说："＿＿＿＿＿＿＿＿＿＿＿＿，＿＿＿＿＿＿＿＿＿＿＿＿＿＿。"小明在生活上经常铺张浪费，我会用"＿＿＿＿＿＿＿＿＿＿，＿＿＿＿＿＿＿＿＿＿。"的俗语来劝他。

二、阅读·感悟

（一）阅读材料，完成下列任务

【材料一】

青松

陈毅

大雪压青松，青松挺且直。

要知松高洁，待到雪化时。

【材料二】

陈毅，中华人民共和国十大元帅之一。本诗写于1960年，那是全国人民都在经受考验的时期。作者作为国内领导人，胸怀的是祖国的命运，承受的是民族的困厄，他考虑的是决不能丧失民族气节，不能丧失原则和立场，绝不向反华势力妥协。而这时，全国人民正紧密地团结在党中央周围，以大无畏的革命英雄主义精神迎接困难，战胜困难。

10. 这首诗采用的表达方法是（　　）。

A.借景抒情　　B.托物言志　　C.叙事抒情　　D.情景交融

11. 请展开联想和想象，描绘前两句诗所展现的画面。

＿＿＿＿＿＿＿＿＿＿＿＿＿＿＿＿＿＿＿＿＿＿＿＿＿＿＿＿＿＿＿＿＿＿＿

12. 结合材料一和材料二，说一说作者借歌颂青松的坚挺，表达＿＿＿＿＿＿＿＿＿＿的品质。

（二）阅读短文，完成下列练习

你退后，让我来（节选）

"你退后，让我来！"

这是南部战区陆军云南扫雷大队四队作业组长、中士杜富国面对死神威胁时的一句"口头禅"。

云南边境雷场，是典型的喀斯特地貌地区，作业区最高坡度达到80度，即使世界上最先进的扫雷设备也派不上用场，只能人工用探雷器扫、用手排。

在这样险象环生的雷场，谁多排一颗雷，就多承受一分危险。在马嘿雷场，战士唐世杰探到10多枚引信朝下、高度危险的火箭弹。杜富国就让战友退到安全地域观察，独自上前处理。整整一个上午，当10多枚火箭弹被安全排除时，他穿的防护服已被汗水浸透。

每次上雷场，他就会带齐所有工具，以便及时处置不同爆炸物。在通往雷场的陡峭山道上，搬运物资，别人背一箱，他背两箱；遇到风险高的爆炸物，他争着上。战友艾岩说，跟他搭档两年，一遇到危险系数稍高的爆炸物，他就让我"退后"，还说"你还年轻"。

2018年10月11日下午，杜富国和同组作业的战友艾岩在位于麻栗坡县老山西侧的坝子雷场作业时，发现一枚少部分露于地表的加重手榴弹，身为作业组长的杜富国深知这种手榴弹当量大、危险系数高。他在报告险情后接到上级"查明有无诡计设置"的指令后，对艾岩说了一句："你退后，让我来。"说完便小心翼翼地按照作业规程，用小刷子一点一点清除弹体周围浮土。突然，轰的一声巨响，就在手榴弹爆炸的瞬间，杜富国的身体向左倾斜，阻挡了扑向同组搜排战士艾岩的冲击波和弹片，避免了他身边战友遭受更大的伤害。杜富国被送入医院后，生命垂危。两个手掌当场被炸飞，双眼球破裂，内容物溢出，右眼球脱落，大腿根部至面部创伤面积达90%以上。三天三夜，连续5次大手术。从鬼门关冲出来的杜富国，恢复知觉后第一句话却是："艾岩怎么样？"

"我爱这身绿军装，"杜富国说，"如果可以的话，愿意一辈子穿下去。"要是他不负伤的话，现在还在排雷的路上。

"他就是这样，不管与上级还是下级同组作业，都'强词夺理'争着上。"杜富国负伤后，刘贵涛回忆起这些细节，抹着泪说："他其实是不想让别人冒险，这早已成了他的习惯。"

国防部新闻局相关负责人在答记者会上说："杜富国同志面对危险，舍己救人，用实际行动书写了新时代革命军人的使命担当。杜富国为人民扫除雷患、为战友血染雷场的英雄壮举在大江南北、军营内外引起强烈反响。作为他的战友，我们对杜富国同志致以崇高的敬意，对他的家人表示诚挚的慰问。"

杜富国既是扫雷兵的骄傲，也是扫雷兵的代表。这群与死神较量的"90后"扫雷兵，始终把遗憾、愧疚和思念家人的情感压在心底，把人民的利益装在心中。

13. 联系上下文解释下列词语的意思。

强词夺理：_____

舍己救人：_____

14. 细读短文，分别摘抄一句对杜富国同志的语言描写和动作描写的句子，并谈谈自己的体会。

语言描写：_____

体会：_____

动作描写：_____

体会：_____

15. "你退后，让我来！"对于这句话你是怎样理解的？

_____

_____

16. 读完此文，你认为杜富国同志是一位怎样的人？你想对杜富国说什么呢？请把你想说的写下来。

_____

_____

三、表达·交流

一百年来，无数优秀的中华儿女为了中华民族的伟大复兴，进行了艰苦卓绝、可歌可泣的斗争，他们共同的心愿就是实现人民对美好生活的向往。你的心愿是什么？仔细想一想，选择你最想和别人交流的心愿写下来。根据提示，完成习作构思卡。

"心愿"习作构思卡

我的心愿：_____

习作题目：_____

表达方式：记叙文（ ） 日记（ ） 书信（ ） 其他（ ）

习作布局：产生心愿的原因_____

实现心愿的做法_____

畅想心愿的美好_____

（左侧竖排）作业内容

四、作业实施过程

本单元以"理想和信念"为主题，落实的语文要素是：1.关注外貌、神态、言行的描写，体会人物品质。2.查阅相关资料，加深对课文的理解。3.习作时选择适合的方式进行表达。围绕本单元的语文要素，基于本单元的学习内容和学习目标，共创编了6份作业。为体现由易到难、由浅入深的发展梯度，分为基础型作业、拓展型作业和综合型作业。每课的基础型作业主要基于本课的学习内容，引导学生在生活情境中运用语文，突显语文课程实践性的特点。拓展型作业旨在引导学生在多种语言实践活动中迁移运用、逐步内化，强化语文要素，贯穿方法的学习与运用。而综合型作业则以实际运用为主，指向性更为综合。每次作业对应1—2课时，精读课文和语文园地中基础型作业可在第一课时完成后进行或随堂进行练习，拓展型作业和综合型作业要在本课结束后进行；略读课文所有作业在完成本课学习之后进行。综合练习设计时间为四十分钟，可根据实际情况分部分完成，也可根据实际情况删减使用。

本单元通过巩固型作业和拓展型作业两个板块来巩固学生的基础，提升学生的阅读能力，落实单元语文要素。整个单元的综合型作业则是围绕"红色小讲堂"阅读分享会这个大任务来整体设计的。首先布置让学生查阅英雄人物的故事资料，丰富对人物的认识。接着让学生查找资料，了解先烈的革命事迹，结合本单元学到的阅读方法，和同学交流，完成阅读笔记等。最后在班级开展的"红色小讲堂"阅读分享会中，根据前面搜集的历史革命故事、长征路上发生的感人故事，结合学到的阅读方法，介绍心目中的英雄。可见，综合型作业的整体设计是为了让学生经历搜集资料到分享交流的一个过程，体现结构性和递进性，并给学生更大的学习、实践空间。本单元综合型作业完成后，教师可根据自己班级或学校的实际情况选择利用各种方式展示交流。

五、作业改进反思

本作业采用单元作业设计方式，有别于传统单篇课文作业的布置。首先，它是在挑战性任务的驱动下，学和练有效结合，且都是在真实的情境中进行的，紧贴学生生活。其次，单元内容融合度更高，前后篇章的关联性更高，改变了传统作业训练目标零散和练习重复的想象，有助于培养学生的整体性思维。

不足之处在于本单元作业的正确与否只是用冷冰冰的"√""×"符号进行单一的评价，这种作业评价方式只关注学习结果，忽视了学生在作业过程中的心理体验和自主发展。因此，评价方式的创新显得很必要。今后的作业设计中，可以改变作业评价以教师为主体的模式，让学生积极参与到作业的评价中来，变单一评价为多元评价。

在"双减"背景下的作业改革对老师而言是一次挑战也是一次机遇。我会积极探索优化语文作业设计，力求让作业有效、有趣、有深度。接下来我将继续用心探索弹性作业和个性化作业的更多方式，最大程度地满足孩子们的多样化需求，以切实减轻学生学业负担，真正实现学习提质增效。落实"双减"政策优化作业设计，我们一直在路上。

参考文献：

吕欣：语文作业单元设计中作业评价设计参考了《单元双测同步达标活页试卷》《学习与探究同步实践手册》《典点》《一遍过》《小学教材全练》《1课3练》《黄冈小状元作业本》《全品作业本全品学练考》《名师作业》《七彩练霸》《真题课课练》《5.3小升初总复习》

一、基本信息

基本信息					
学校	北京市房山区周口店中心校 新街小学	学科	语文	姓名	赵雨娟
年级	五年级	教科书版本		部编版	
单元主题		第三单元 综合性学习：遨游汉字王国			

二、作业设计说明

应包含单元教学内容说明（内容框架、目标、课时分解等）、学情分析、作业目标、作业类型、作业如何使用（如何布置、预估时长……）等。

单元教学内容说明	
内容框架	
目标	1. 感受汉字的趣味，了解一些关于汉字历史和现状的知识，产生对汉字的热爱之情，增强对汉字的自豪感，树立规范使用国家通用语言文字的意识。 2. 了解并学习搜集资料的基本方法，能围绕汉字历史、汉字书法或其他感兴趣的与汉字有关的内容搜集资料，开展猜字谜或趣味汉字交流会。 3. 能结合搜集的感兴趣的内容或者参与的调查活动，学写简单的研究报告。
课时	

学情分析

学生到了五年级，经过前几年的学习，已经认识近三千个汉字。大部分孩子识字能力强、识字范围广，并且能在语言环境中运用。初步学会了默读并有一定的速度，喜爱阅读课外读物，提高了阅读能力，养成了良好的读书习惯。学生需要进一步培养学习汉字的兴趣，增强对汉字的感情，树立规范使用国家通用语言文字的意识，在课堂学习与课外实践活动中学语文、用语文，全面提升语文素养。

	作业目标		
	1. 感受汉字的趣味，产生对汉字的热爱之情。 2. 了解搜集资料的基本方法。 3. 能搜集字谜，能搜集体现汉字趣味的资料。 4. 能了解一些关于汉字历史和现状的知识，增强对汉字的自豪感，树立规范使用国家通用语言文字的意识。 5. 能围绕汉字历史、汉字书法或其他兴趣的与汉字有关的内容搜集资料，或能调查学校、社会用字不规范的情况，写简单的研究报告。		

	作业类型		
	☑准备型　☑实践型　☑拓展型　☑创造型　□其他__		

	作业使用		
布置 任务	汉字真有趣	1. 选择活动内容、制订活动计划； 2. 搜集字谜，整理； 3. 搜集体现汉字趣味的资料，整理； 4. 成果展示。	
	预估时长	单元任务2天	
	我爱你，汉字	1. 选择活动内容、制订活动计划； 2. 搜集与汉字相关的资料、调查； 3. 写简单的研究报告； 4. 成果展示。	
	预估时长	单元活动2天	

三、详细作业设计

应按课时呈现整单元课时课题、课时作业目标、课时作业内容。

综合性学习遨游汉字王国		
课时作业目标		
汉字真 有趣	1. 感受汉字的趣味，产生对汉字的热爱之情。 2. 了解搜集资料的基本方法。 3. 搜集字谜，以便开展猜字活动。 4. 搜集体现汉字趣味的资料，以便举办一次趣味汉字交流会。	
我爱你， 汉字	1. 能了解一些关于汉字历史和现状的知识，增强对汉字的自豪感，树立规范使用国家通用语言文字的意识。 2. 能围绕汉字历史、汉字书法或其他兴趣的与汉字有关的内容搜集资料，或能调查学校、社会用字不规范的情况，写简单的研究报告。	
课时作业内容		
汉字真 有趣	1. 选择活动内容、制订活动计划。 任务一：小组选择活动，制订活动计划。 2. 搜集字谜，整理。 任务二：搜集字谜。 ①字谜；②画迷；③故事迷。 选择以上一项（基础性）或者几项（提升性），整理在任务单中。 3. 搜集体现汉字趣味的资料，整理。 任务三：搜集体现汉字趣味的资料。 ①歇后语；②有关字的故事；③同音字词；④字的演变。 选择以上一项（基础性）或者几项（提升性），整理在任务单中。 4. 小组内进行全面整理，做好成果展示准备工作。	

我爱你，汉字	1. 选择活动内容，制订活动计划。 任务一：小组选择活动，制订活动计划。 2. 搜集与汉字相关的资料、调查。 任务二：搜集与汉字相关的资料、调查。 搜集： ①汉字历史（字体演变等）； ②汉字书法； ③其他自己感兴趣的内容； ④姓氏的发展及演变。 选择以上一项（基础性）或者几项（提升性），整理并撰写思维导图或简单的研究报告。 调查： ①同学作业本；②街头招牌；③书籍报刊；④其他（生活中用字不规范的情况）。 选择以上一项（基础性）或者几项（提升性）进行调查，整理并撰写简单的研究报告。 4. 小组内进行全面整理，做好成果展示准备工作，个人成果展示或小组展示。

四、作业评价设计

应包含对本单元（或重点课时）的学生作业评价设计，包括评价方式、学生可能错误与原因分析等。

评价方式：

汉字真有趣

小组活动评价表

项目	评价标准	自我评价	同学评价	教师评价	家长评价
制订计划	小组分工明确，计划安排合理	☆☆☆	☆☆☆	☆☆☆	
搜集、整理资料	搜集资料的方法运用恰当，成果丰富，资料整理得比较完善	☆☆☆	☆☆☆	☆☆☆	☆☆☆
展示交流	展示形式新颖，展示内容丰富，互动效果良好	☆☆☆	☆☆☆	☆☆☆	

搜集、整理资料自评表

项目	评价标准	自我评价
搜集资料	能通过查找图书、网络搜集、请教别人等多种途径搜集资料	☆☆☆
	能正确运用搜集资料的方法	☆☆☆
	搜集到的资料比较丰富，能够满足活动的需要	☆☆☆
整理资料	能把资料整理得比较完善、清楚	☆☆☆

小组展示互评表

项目	评价标准	同学评价
参与度	小组成员人人参与，相互合作	☆☆☆
自信心	展示时态度大方，充满自信	☆☆☆
形式	形式多样，有创意	☆☆☆
质量	内容丰富，展示清楚	☆☆☆

我爱你，汉字

活动参与评价表

项目	评价标准	同学评价
小组活动	积极参与小组活动，和同学密切配合	☆ ☆ ☆
搜集、撰写	乐于使用学到的方法搜集资料、撰写研究报告	☆ ☆ ☆
展示交流	积极进行展示交流，与其他同学互动很好	☆ ☆ ☆

成长记录评价

项目	评价标准	教师评价
活动计划	要点齐全，时间、分工安排明确	☆ ☆ ☆
搜集的资料、调查的结果	资料丰富，与研究内容关系密切；调查记录清晰，内容翔实	☆ ☆ ☆
研究报告	格式正确，阐述清楚，分析得当，语言严谨	☆ ☆ ☆

五、作业设计特色

本单元为综合性学习单元，融合学生课内课外的相关知识。在二、三、四年级学习中，孩子们对查阅资料有了一定的方法，在此次作业布置中进一步让学生学会信息加工，用适当的方式搜集资料，整理有用的资料信息、合理的调查方式等。

充分发挥学生主体地位，引导学生关注生活实际，课堂中进行学习支架为作业探索实践做准备用自己喜欢的方式去探索去研究，激发学生的学习兴趣，培养学生的学习信心，学习自信有助于激发学习兴趣。作业设计过难，会导致学生学习自信丧失，兴趣下降；作业设计过易，学生会产生枯燥乏味感。本单元作业难度适宜，让学生在搜集、整理资料的过程中体会到自我价值的实现，从而激发学习自信和学习兴趣。本单元作业任务需要学生自主管理时间，每天放学后分配学习时间。分配自己的休息、学习和娱乐时间，是从小养成的一种自主管理能力。

参考文献：

赵雨娟：语文作业单元设计中作业评价设计参考了《义务教育教科书教师教学用书统编版语文五年级下册》第三单元活动资源。

语文学科作业设计

一、基本信息

基本信息					
学校	北京市房山区周口店中心校	学科	语文	姓名	卢永立
年级	六年级	案例所属教科书版本		2011课标版（统编）	
案例所属单元主题		触摸自然			

二、作业设计说明

课程标准中提到小学生学习语文要"具有独立阅读的能力，学会运用多种阅读方法。有较为丰富的积累和良好的语感，注重情感体验，发展感受和理解能力"。要通过阅读来"丰富自己的精神世界"。

六年级上册第一单元的语文要素是"阅读时能从所读的内容想开去；习作时发挥想象，把重点部分写得详细一些"。"想开去""发挥想象"无一例外都指向学生在阅读与习作时的情感体验。阅读时，通过想象文字画面、互文阅读、比较阅读等方法，学生能从文字想开去，展开联想与想象，发展感受和理解能力。习作时，学生能将这种能力迁移到自己的写作当中。基于学习内容和学习目标，共设计了5份作业。作业1到作业4的设计是基于对本单元语文要素"阅读时能从所读的内容想开去；习作时发挥想象，把重点部分写得详细一些"的落实。

学科	语文	教材	2011课标版（统编）	年级	六年级
学期	第一学期	单元名称	第一单元	所需课时	8
单元人文主题		触摸自然			
单元语文要素		1. 阅读时能从所读的内容想开去。 2. 习作时发挥想象，把重点部分写得详细一些。			
单元结构图					

作业编制说明	整个单元以开展"变形之旅故事会"为单元大任务进行整体设计。作业体现由浅入深、以读促写的发展过程。通过作业2、作业3，体会见景生情、情景交融写法的好处。感悟见物联想，引发人生思考的特点。再完成作业4的习作。		

单元作业目标	课型	具体作业目标	具体作业内容
1. 能根据汉字结构识记本单元23个生字，正确书写36个词语。能正确、流利地朗读课文，背诵古诗词和指定的课文段落，默写《西江月·夜行黄沙道中》。 2. 想象课文所描述的景色，体会表达的感情，读出自己的感受，能联系生活经验理解课文中含义深刻的句子，并说出自己由此想到的人、事或人生思考，感受文中丰富的想象，领悟文章表达上的特点。 3. 联系生活经验，展开丰富的想象，有条理地记叙变形后的经历、生活，把重点写详细，并根据建议进行修改。 4. 体会排比句的表达效果，认识分号，并能说出分号的用法。初步了解地名和人名拼音的拼写规则。	导读课	1. 能根据汉字结构识记本单元23个生字，正确书写36个词语，书写规范、有一定速度。 2. 朗读3篇课文和3首古诗词，把握内容，理清结构。	1. 通过制作字词积累卡，能正确读写、理解本单元生字词语。 2. 正确、流利地朗读课文，把握主要内容。
	阅读课	1. 能在阅读中通过联系上下文、联系生活实际、展开想象、抓重点词句等方法，正确理解课文内容，体会文章所表达的情感。 2. 联系生活经验理解课文内容，感受到加入联想与想象，使得景物皆有感情。	1. 能够结合自己的生活实际，表达阅读理解和感受。 2. 能够将课文中的道理、哲理、感悟等，用自己的话表达出来。
	阅读课	1. 在阅读中想象画面，通过对比阅读感受到作者丰富的联想，体会这种写法的好处。 2. 学生能在阅读中联系生活实际，谈谈自己在阅读后的独特理解。	1. 能在阅读中想象画面，能联系文章内容理解文章所表达的情感。 2. 能在对比阅读中感受到作者丰富的联想，体会写法的好处。
	习作课	1. 联系生活经验，展开丰富的想象。 2. 有条理地记叙变形后的经历、生活，把重点部分写详细。 3. 根据别人的意见，修改自己的习作。	1. 按要求完成习作，能发挥想象，有条理地把"变形"后的经历写下来。 2. 运用所学的方法把重点部分写详细。
	实践课	1. 了解路牌上地名拼音的拼写规则，能借助拼音认识地名。学会用拼音拼写名字的规则。 2. 能由一处地名展开联想，在交流中发展表达能力，丰富情感体验。	1. 能掌握路牌上地名拼音的拼写规则，能借助拼音认识地名。能用拼音正确拼写名字。 2. 能由地名展开联想，跟同伴练习讲述。

三、详细作业设计：

作业1：单元导读课

一、巩固型作业：

1. 制作字词积累卡，将自己易读错的字音、易写错的生字、新理解的词语等进行积累。

2．合作学习：朗读课文大闯关。

要求：同伴互读课文，完成朗读评价表。

姓名	课文题目	正确 ★★	流利 ★★★	共计

二、综合型作业：

我们来交流：理清课文内容和整体结构。

先概括自然段内容，然后说说课文分别从哪几方面写了草原、丁香和花。

每个方面分别对应哪几个自然段。

说说三首古诗词的意思，共享读懂古诗的方法。

根据交流内容，完成表格。

课题	主要内容	我发现的	我不懂的
《草原》			
《丁香结》			
《古诗词三首》			
《花之歌》			

　　作业实施过程：六年级学生具备独立识字的能力，通过独立预习，完成字词积累卡。课上小组交流字词积累卡，互相检查本单元生字的掌握情况，从音、形、义三部分重点交流。对4篇课文的整体感知方面，六年级学生能够自己初步读懂课文内容，在课上以学生之间的交流、碰撞为主要活动，来完成综合型作业，对主要内容加以归纳、概括，并完成表格内容的书写，这也是训练学生概括能力的过程，同时为后续的学习做好准备。

作业2：阅读课

一、巩固型作业：

1. 结合表格展开交流。

课题	看到的景色（景物）	想到了什么
《草原》		
《古诗词三首》		

2. 月夜寄托着古人的情思，见证着诗人的浪漫与惆怅。本学期我们学习了《宿建德江》《西江月·夜行黄沙道中》，这两首诗词都写了月夜的景色，同是明月，但二者表达的情感却完全不同，前者表现了诗人＿＿＿＿＿＿＿心情，后者用"＿＿＿＿＿＿＿＿，＿＿＿＿＿＿＿＿"的诗句表达了作者喜悦欢快之情。除此之外，你还能想到的描写月亮的诗句有＿＿＿＿＿＿＿＿。（请至少写出两句）

二、拓展型作业：

雨之歌（纪伯伦）

我是根根晶亮的银线，神把我从天穹撒向人间，于是大自然拿我去把千山万壑装点。

我是颗颗璀璨的珍珠，从阿施塔特女神的皇冠上散落下来，于是清晨的女儿把我偷去，用以镶嵌绿野大地。

我哭，山河却在欢乐；我掉落下来，花草却昂起了头，挺起了腰，绽开了笑脸。

云彩和田野是一对情侣，我是他们之间传情的信使：这位干渴难耐，我去解除，那位相思成病，我去医治。

雷声隆隆闪似剑，为我鸣锣开道；一道彩虹挂青天，宣告我行程终了。尘世人生也是如此：开始于盛气凌人的物质的铁蹄之下，终结在不动声色的死神的怀抱。

我从湖中升起，借着以太的翅膀翱翔。一旦我见到美丽的园林，便落下来，吻着花儿的芳唇，拥抱着青枝绿叶，使得草木更加清润迷人。在寂静中，我用纤细的手指轻轻地敲击着窗户上的玻璃，于是那敲击声构成一种乐曲，启迪那些敏感的心扉。

我是大海的叹息，是天空的泪水，是田野的微笑。这同爱情何其酷肖：它是感情大海的叹息，是思想天空的泪水，是心灵田野的微笑。

1. 这首诗诗人采用了＿＿＿＿＿＿的修辞手法来描写雨，表达了诗人＿＿＿＿＿＿的感情。

2. 由"雨"你想到了什么？试着填一填下面的思维导图。

三、实践型作业：

"蒙汉情深何忍别，天涯碧草话斜阳"，生活中你也有过与人惜别的经历吧，回忆当时的情景，说说你们做了什么，说了什么，当时是什么心情，试着写一写。

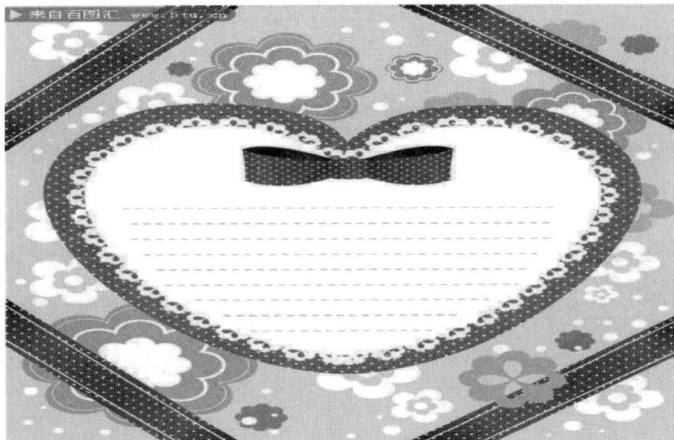

作业实施过程：课上结合表格，根据学生的发言，围绕"见到、想到"两方面进行重点指导，引导学生关注重点词句，开展比较阅读、想象阅读，联系生活实际体会感情。引导学生将两首诗进行对比，感受"同景不同情"。拓展型和实践型作业也是去落位语文要素，进一步训练学生由所读的内容想开去，提高思维活跃性。

课题	看到的景色（景物）	想到了什么
《草原》	小丘 主客惜别	中国画 纪与好腋惜别的情景
《古诗词三首》	《宿建德江》 秋江晚景 《西江·夜行黄江道中》 明月 星光 茅店	→人们归家 →风丰收

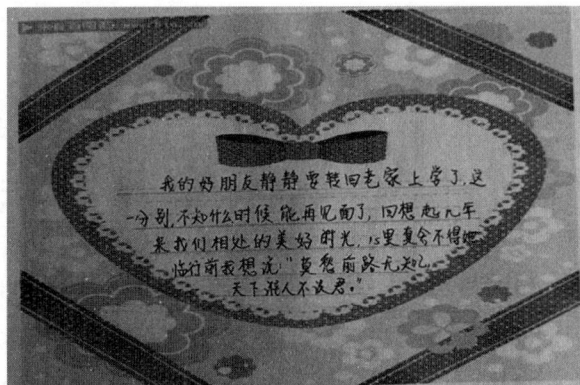

作业3：阅读课

一、巩固型作业：

1. 纵向观察，发现文章不同点。

题目	作者	景物	作者要表达的感情或思考
丁香结			
花之歌			
我的发现			

二、拓展型作业：课外阅读《菊有黄花》

菊有黄花（有删改）

丁立梅

①一场秋雨，再紧着几场秋风，菊开了。

②菊在篱笆外开，这是最大众最经典的一种开法。历来入得诗的菊，都是以这般姿势开着的，一大丛一大丛的。

③倚着篱笆，是篱笆家养的女儿，娇俏的，又是淡定的，有过日子的逍遥。晋代陶渊明随口吟出的那句"采菊东篱下"，几乎成了菊的名片，以至后来的人一看到篱笆，就想到菊。陶渊明大概做梦也没想到，他能被人千秋万代地记住，很大程度上，得益于他家篱笆外的那一丛菊。菊不朽，他不朽。

④我所熟悉的菊，却不在篱笆外，它在河畔、沟边、田埂旁。它有个算不得名字的名字：野菊花。像过去人家小脚的妻，没名没姓，只跟着丈夫，被人称作吴氏、张氏。天地洞开，广阔无边，野菊花开得随意又随性。小朵的清秀不施粉黛，却色彩缤纷，红的、黄的、白的、紫的，万众一心、齐心合力地盛开着，仿佛是一群闹嚷嚷的小丫头，挤着挨着在看稀奇，小脸张开，兴奋着，欣喜着。

⑤乡人们见多了这样的花，不以为意，他们在秋天的原野上收获、播种，埋下来年的期盼。菊花兀自开放、兀自欢笑，与乡人各不相扰。蓝天白云，天地绵亘。小孩子们却无法视而不见，他们都有颗菊花般的心，天真烂漫。他们与菊亲密，采了它，到处乱插。

⑥那时，家里土墙上贴着一张仕女图，有女子云髻高耸，上面横七竖八插满菊，衣袂上亦沾着菊，极美。掐了一捧野菊花回家的姐姐，突发奇想帮我梳头，照着墙上仕女的样子。后来，我顶着满头的菊跑出去，惹得村人们围观。看，这丫头，这丫头，他们手指我的头，笑着，啧啧叹着。

⑦现在想想，那样放纵地挥霍美，也只在那样的年纪最有资格。

⑧人家的屋檐下，也长菊。盛开时，一丛鹅黄，另一丛还是鹅黄。老人们心细，摘了它们晒干，做菊花枕。我家里曾有过一只这样的枕头，父亲枕着。父亲有偏头痛，枕了它能安睡。我在暗地里羡慕过，曾决心给自己也做一只那样的枕头。然而来年菊花开时，却贪玩，忘掉了这事。

⑨年少时，总是少有耐性的，于不知不觉中，遗失掉许多好光阴。

⑩周日逛街，秋风已凉，街道上落满梧桐叶，路边却一片绚烂，是菊花，摆在那里卖。泥盆子装着，一只盆子里只开一两朵花，花开得肥肥的，一副丰衣足食的模样；颜色也多，姹紫嫣红，千娇百媚。我还是喜欢黄色的。《礼记》中有"季秋之月，菊有黄花"的记载，可见，菊花最地道的颜色还是黄色。

我买了一盆，黄的花瓣，黄的蕊，极尽温暖，会焐暖一个秋天的记忆和寒冷。

阅读短文，填写阅读记录单。

植物名称	作者的联想与想象	我的联想与想象	相关诗句	植物表达的意象

三、实践型作业：

小组内按表格内容，交流自己所了解的具有象征意义的植物。任选一种植物，表现这一植物的象征意义，做一张手抄报，班级展览。

植物名称	象征意义	想到的人、事或对人生的思考

作业实施过程：课上结合巩固型作业，引导学生比较，发现这些作者都是先写见到的景物，再表达见到景物后的感受或引发的联想，感受作者写法的好处。为自己的习作做好积累准备。拓展型作业课下自主完成，教师批改讲评。实践型作业完成时间周期稍长，从单元学习开始，学生就去搜集资料，在此综合完成。

题目	作者	景物	作者要表达的感情或思考
丁香结	宗璞	丁香花	生活不是一帆风顺，正确面对不顺心，积极解决问题。
花之歌	纪伯伦	花开花落	人生无论处在什么处境，都要积极向上。
我的发现			这两篇课文都是写作者见到景物后想到的对人生的思考。《丁香结》由景物展开联想，《花之歌》是人物合一，想象奇特。

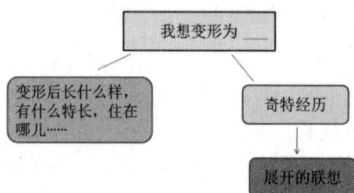

植物名称	象征意义	想到的人、事或对人生的思考
梅花	高洁 坚强	面对困难,不畏艰险,百折不挠
落花生	默默无闻,无私奉献	快递员 清洁工

作业4:习作课

一、巩固型作业:

1. 奇思妙想:《花之歌》中作者把自己想象成花,如果你有这样一个机会,想象自己变成另一种事物,变形后,你生活的世界将随之改变,你想变成什么呢?会有怎样奇特的经历呢?与同学展开交流。

```
              ┌──────────┐
              │ 我想变形为 ___ │
              └──────────┘
          ┌──────────┐      │
          │         │      │
┌──────────────┐        ┌────────┐
│变形后长什么样,│        │ 奇特经历 │
│有什么特长,住在│        └────────┘
│哪儿……        │              │
└──────────────┘        ┌──────────┐
                        │ 展开的联想 │
                        └──────────┘
```

2. 你想重点写哪部分内容呢?

（1）小提示:你想把哪个情节详细写呢?你会怎么写呢?你可以像上面这样,先试着用提纲的形式呈现出来,也可以自己设计作文的提纲。

（2）小锦囊:

1. 设计曲折的情节,记录所见、所闻、所感。

2. 适当进行细节描写:外貌、语言、动作、神态、心理……

3. 和同学交换习作,看看他们对你的"世界"是不是感兴趣,并参照"习作评价要点"评价习作。在听取合理建议之后修改自己的习作。

4. 和同桌交换修改后的习作,交流你对他变形世界最感兴趣的部分,参照"习作推荐要点"进行小组推荐。

习作推荐要点	评价
1. 有意思的情节。	☆☆☆
2. 精彩的语言。	☆☆☆
3. 详细的重点内容。	☆☆☆

二、综合型作业:

变形记故事分享会。在小组推荐的基础上,在班级展开故事分享会。

作业实施过程：巩固型作业1和2引导学生用列提纲的方法写出奇特经历，明确表达中心的内容要作为重点详细写，在此过程中，教师根据学生想象出来的奇特经历进行指导。完成作文提纲的过程是引导学生展开想象、细化想象的过程。在学生交流习作提纲时，教师引导学生之间展开互相补充、质疑，让想象更加细致，更加符合所变事物的特点。学生自由习作后，互相交换阅读，看看同伴对习作想象出来的世界是否感兴趣，参照"习作推荐要点"进行小组推荐，开展"奇特变形之旅"故事会。

作业5：实践课

一、巩固型作业：

1. 看图，完成练习。

（1）看路牌可以认识许多汉字。你知道这个字的读音吗？槐（   ）。

（2）根据图1中发现的规则，给图2中的地名标上拼音，可借助字典。

云安（   ）   肇庆（   ）

（3）拼写自己的姓名（   ）。

二、综合型作业：

1. 你一定看到过许多地名，回忆自己曾经见到过的地名，它让你产生怎样的联想？有哪些回忆？跟同伴交流一下。

2. 自愿制作一张联想卡，卡片上有地名、姓名的中英文，用几句话写出你对这个地方的联想或回忆。

作业实施过程：结合语文园地中的词句段运用，了解路牌上地名拼音的拼写规则，借助拼音认识地名。学习用拼音拼写名字的规则。通过巩固型作业帮助学生进行熟练应用。综合型作业的设计让学生感受到，当加入了联想与想象，文字也有了情感的温度。制作联想卡，让学生的思绪从课堂延伸到生活，去触碰地名背后的情感记忆，感受联想带来的魅力，这也是对本单元语文要素的落实。

四、作业实施过程

备课时围绕阅读时"想开去"、习作时"发挥想象"这两点，挖掘每篇课文中能引导学生"想开去"的共同之处，同时也感受四篇课文的独特之处，进行课文的重组，最终帮助学生从每篇课文的学习中有所收获，完成好想象作文。

本单元四篇课文各有功能，《草原》《古诗词三首》是见景生情。《草原》的叙述情景交融，而《古诗词三首》是"同景不同情"。《丁香结》《花之歌》是见物联想。《丁香结》这篇课文由景物展开联想，《花之歌》则感受人物合一的奇特想象。

基于以上对本单元进行的分析，做出整体备课安排。作业设计也是在此基础上进行的。例如学生完成第一课时作业，对本单元进行梳理之后，课下围绕问题继续研读课文，为下一阶段的学习做好准备，使作业成为课堂教学的有效补充。

预习型作业是孩子们养成习惯之后自主进行的，此外设计了三种类型的作业：巩固型作业、拓展型作业、综合型作业。巩固型作业使每位学生都能掌握基础知识与基本能力，此作业和课堂教学有机结合、学练相融，提高学习效果。拓展型作业，为学生提供更多的实践与选择的空间，学生可以根据自己的特长或兴趣爱好，选择不同类型的作业。这满足不同层次、不同类型学生的学习需求，在使用中可以放到课后做检查用，也可以放在课上作为拓展巩固。有思维难度的题目，需要引导学生的思维过程。综合型作业与生活深度融合，在学中用，用中学，逐步形成语言的实际运用能力。这些作业有的题目是随堂完成，有的题目是课下完成，完成过程中孩子们能根据自己情况分层完成。

作业批改使用面批、评语等方式，确保每次作业每位学生都批改，同时建立了学科统一的作业批改基本符号，个别问题利用课余时间辅导。对于出现错误较多的问题利用课后答疑实践进行集中讲评，随堂修正答案。完善教师单元教学错题积累本，及时积累教学过程中学生的错误类型，并进行归类归因研究，通过错题讲评课，使教师和学生对本单元的知识体系有深层次的认知。

五、作业实施改进反思

这个学期刚刚开始进行作业的设计研究及实践，自己听了很多的专家讲座，参加了多次培训学习，对于作业的有效设计还在进行摸索学习，渐渐对于作业的功能有了更深的认识，它是对于课堂教学的有益补充，课堂教学和作业设计是相辅相成的。我也对于自己这一阶段作业设计和实施方面进行了如下反思：

1. 作业不仅是课堂教学的必要延伸，也是教师获取反馈信息、检查教学效果的重要手段，更是激发学生学习自主性，提升核心素养的重要途径。作业设计不仅仅是个设计，而是一个系统工程，在设计时要关注其整体性、系统性和自主性。所以深入分析教材非常重要，只有透彻地理解了教材，作业才能更适切。作业内容要回到语文要素的落实中，在作业中要落实核心目标。自己在设计时，课时之间作业的关联性不太强，还要加强单元研究。

2. 进一步丰富作业辅导的形式，养成作业分析的习惯，建立典型错题档案，通过统计和"面批"，分析错误原因，形成补救改进构想。

3. 要进一步探索作业评价的方法。研究作业辅导的形式，逐步实现个性化作业推送。

作业的设计，对于我来说只是刚刚迈出第一步，随着不断学习和实践、思考和改进，我要继续深入探索高效作业的设计，使作业与课堂教学有机统一，进一步提质增效，为提高学生的语文素养而不断努力！

参考文献：

卢永立：语文作业案例设计参考了《文字中的联想与想象——统编版六年级上册第一单元整体教学设计》。

一、基本信息

基本信息					
学校	北京市房山区周口店中心校	学科	数学	姓名	石琳
年级	一年级	案例所属教科书版本		北京版	
案例所属单元主题		认识人民币			

二、作业设计说明

单元结构图		
单元学习目标	1. 在具体的实践活动中，认识人民币。知道人民币的单位是元、角、分，掌握元、角、分之间的进率：1角＝10分，1元＝10角。能看懂物品的单价，会进行简单的计算。能够正确地数出面值较小的人民币，会进行简单的换算，能结合生活实际做简单的几元加、减几元，几元加几角，几元几角加、减几元几角的计算。 2. 通过观察、操作、计算等活动，培养估算能力、采用多种方法解决问题的能力及思维的灵活性。 3. 通过购物活动，初步体会人民币在社会生活、商品交换中的功能和作用，体验数学与生活的密切联系，培养把人民币知识应用于生活实际的意识，并知道爱护人民币。	
课时分解	**总课时 5** 例1 认识人民币面值　　　　　　　　　　　1课时 例2 元与角、角与分之间的关系和进率　　　　1课时 例3 元与角之间的换算　　　　　　　　　　　1课时 例4 人民币简单的加、减法计算　　　　　　　1课时 旅游购物　　　　　　　　　　　　　　　　　1课时	
学情分析	大多数的学生有购物经验，知道人民币的作用，在生活中能够辨别人民币的面值。大约90%的学生不知道人民币的产生以及意义。大约80%的学生对于要用多少钱才能买到合适的东西、等价交换的原则几乎没有意识。而且由于现代社会网络支付的普遍使用，学生对人民币的支付意识模糊。	
作业目标	1. 在具体的实践活动中，认识人民币。知道人民币的单位是元、角、分，掌握元、角、分之间的进率；1角＝10分，1元＝10角。能看懂物品的单价，会进行简单的计算。能够正确地数出面值较小的人民币，会进行简单的换算，能结合生活实际做简单的几元加、减几元，几元加几角，几元几角加、减几角的计算，初步发展运算能力。 2. 通过观察、操作、计算等活动，培养估算能力、采用多种方法解决问题的能力及思维的灵活性。 通过购物活动，初步体会人民币在社会生活、商品交换中的功能和作用，体验数学与生活的密切关系，培养把人民币知识应用于生活实际的意识，并知道爱护人民币。	

作业类型	1. 巩固型作业：针对教学目标中的知识目标，通过作业进行适当的巩固和强化而设计。 2. 拓展性作业：针对教学目标中的方法、能力目标，通过作业引导学生在多种语言实践活动中迁移运用、逐步内化而设计。 3. 综合型作业：主要针对本课知识、能力、习惯、方法、情感、态度等方面目标的综合体现，以实际运用为主。
作业使用方法	本单元所有的作业内容也可以作为课堂练习使用，可根据学生情况将本单元有探究价值的作业改编成例题，鼓励学生进行深入探究。也可将部分拓展型和综合型作业进行分层再设计。学生个体情况不同，请根据本班学生情况对作业内容进行调整。 　　单元作业分为三类：活动1—3属于巩固型作业，侧重在游戏中能够辨认人民币。能够清点一定数量的人民币，能够用口头语言描述付钱、找钱的过程。活动4—5属于拓展型作业，侧重于体会人民币在社会生活、商品交换中的功能和作用，体验数学与生活的密切关系；活动6属于综合型作业，让学生在购物中体会人民币的应用价值，感受数学与生活的密切联系，积累购物经验。

三、详细作业设计

课题名称	例1：认识人民币面值
作业目标	能按标准进行分类，根据实际情况正确付钱。
作业内容	巩固型作业 学习结果表现：能按标准进行分类，根据实际情况正确付钱。 活动1：说一说 （1）生活中有哪些面值的人民币，并给它们分类。 （2）明明买一盒水彩笔，价格是15元8角，可以怎样付钱？

课题名称	例2：元与角、角与分之间的关系和进率
作业目标	能根据具体情境对不同面值人民币进行等值兑换。
作业内容	活动2：摆一摆 　　准备一些10元、20元、50元的人民币，请你拿出100元，可以怎样组合？快来摆一摆，看谁摆出的方法多。（可以边摆边画，记录你的摆法）

课题名称	例3：元与角之间的换算
作业目标	能根据具体情境对不同面值人民币等值兑换。
作业内容	活动3：换一换 　　换钱游戏。两人一组，每人准备若干人民币，其中一人拿出一张，另一人拿不同单位但面值相同的人民币互换。例如：两个人先后拿出一张元币，另一个人用角币去换。

课题名称	例4：人民币简单的加、减法计算
作业目标	能根据商品单价进行简单的计算。 能根据人民币的历史，体会人民币在生活中的功能和作用。

作业内容	活动4：说一说 水彩笔 12.00 元/盒　　　魔方 15.80 元/个　　　钢笔 6.90 元/支 （1）买一盒水彩笔和一个魔方一共多少钱？ （2）买一个魔方和一支钢笔一共多少钱？ （3）你还能提出什么问题？你是怎么想的？ 活动5：了解人民币的"前世今生" （1）利用周末或假期，和家长一起走进博物馆或走进网络去了解中华民族使用货币的历史。 （2）搜集并认识1—5套人民币，根据人民币上的信息和家人一起说说祖国70多年里翻天覆地的变化。

课题名称	旅游购物
作业目标	能看懂物品的单价，会进行简单的计算，并在购物情境中体验付钱或找钱的多种方法。
作业内容	活动6：买一买 （1）先想好你喜欢的两、三件物品，预估一下价格是多少。 （2）用100元购买自己喜欢的物品，算算应付多少钱？找回多少钱？再看看购物的实际钱数和自己估计的价格相差多少。

四、作业实施过程

这部分知识的学习，可以让学生有一个提前接触认识，学过之后还有一个延后的教学拓展。充分利用学具，进一步巩固学生所学的知识。把知识运用于生活实践，使教育教学存在于每一个角落，让每一个时空都为孩子的成长服务，让学生进一步理解数学来源于生活，数学服务于生活。第一课时认识单张人民币的币值。关注币值的特点，进行爱护人民币的教育。第二课时是认识一组人民币的币值，是不进位的。根据物品的价格或老师的要求，拿出相应价值的人民币，这里面突出多样性，并运用比较优化方法。第三课时要得出人民币之间的进率，根据这个进率能够进行整元与整角之间的换算、整角与整分之间的换算。剩余课时可以进行人民币的比较复杂的计算，也就是人民币的灵活应用。

本单元设计了三种类型的作业：巩固型作业、拓展型作业、综合型作业。巩固型作业使每位学生都能掌握基础知识与基本能力，此作业和课堂教学有机结合、学练相融，提高学习效果。拓展型作业，这为学生提供更多的实践与选择的空间，学生可以根据自己的特长或兴趣爱好，选择不同类型的作业，这满足不同层次、不同类型学生的学习需求。在使用中可以放到课后作检查用，也可以放在课上作为拓展巩固。有思维难度的题目，需要引导学生的思维过程。综合型作业与生活深度融合，在学中用，用中学。这些作业有的题目是随堂完成，有的题目是课下完成，完成过程中孩子们也能根据自己情况分层完成。

作业的批改确保每次作业每位学生都批改，同时建立了学科统一的作业批改基本符号，个别生的个别问题利用课余时间进行辅导。对于出现错误较多的问题利用课后答疑实践进行集中讲评，随堂修正答案。完善教师单元教学错题积累本，及时积累教学过程中学生的错误类型，并进行归类归因研究，通过错题讲评课，使教师和学生对本单元的知识体系有深层次的认知。

五、作业改进反思

本作业采用单元作业设计方式，有别于传统作业的布置。首先，它是在挑战性任务的驱动下，学和练有效结合，且都是在真实的情境中进行的，紧贴学生生活。其次，单元内容融合度更高，前后的关联性更高，改变了传统作业训练目标零散和练习的重复，有助于培养学生的整体性思维。

我们设计作业时要注重目标和内容的一致，既要设计得科学，又要设计得合理。这几个要素是紧密相关的。在"双减"政策下，作业设计好了，学习就真正地提质增效了。学然后知不足，我们要通过优化作业的设计与实施，真正落实学生减负增效的目标，让学生不再把作业当成一种负担，还给学生一个轻松的作业空间，真正实现育人的全面化、个性化、精准化。优化作业我们在探索着、实践着。

参考文献：

石琳：一年级数学单元作业设计参考了《房山区数学单元作业设计》

一、基本信息

基本信息				
学校	北京市房山区周口店中心校	学科	英语	姓名	郭扬威
年级	六年级	案例所属教科书版本	北京版英语教材六年级下册		

案例所属单元主题	Unit1What are you looking for？ 一、单元教学内容分析 **教学内容：** 　　本单元是六年级下册第一单元，单元教材内容主要介绍了Sara、Baobao丢失东西、他人帮忙寻找东西及询问和描述丢失物品的特征。 　　1. 纵向分析： 　　本单元在全套教材中的位置分析：北京版小学英语全册书中，贯穿着对询问和描述物品特征话题的学习与讨论，由浅及深。教材从三年级初步学习询问及描述物品特征的形状、颜色What's your watch like？It's square，and it's black.，在前面所学知识的基础上到六年级下册，围绕话题展开深入讨论，用另一种句式in the shape of描述物体的形状，用简单的比较级描述物品以及描述同一物品不同特征，学生将相关知识运用于话题的交流中，对于学生的能力要求逐渐增强。 　　2. 横向分析： 　　单元内课时联系：本单元包含四课时，前三课每课包含四个版块，分别是对话学习、听力训练、读写练习和语言实践活动。对话呈现语言，读写练习与对话内容相关，是对话内容的转述，重点练习四会学习单词的读写。语言实践活动体现用英语做事情。第四课是一篇寓言故事。前三课的对话部分以丢失东西、寻找东西为主线，以操场、教室、小区公园为场景，介绍他人帮忙寻找物品。 　　Lesson1主要谈论在操场上，Sara的水瓶找不到了，Yangyang帮她寻找，重点学习描述物品特征的颜色及用另一种句式in the shape of描述它的形状；听力训练部分针对物品特征进行训练，复习形状、颜色类单词及句型。 　　Lesson2主要谈论了Sara铅笔盒找不到了，Maomao主动提出帮助，重点学习用简单的比较级描述物品特征；听力训练部分对名词所有格进行训练，巩固whose引导的特殊疑问句。 　　Lesson3主要谈论了Baobao的小猫不见了，保安提出可以帮他寻找，他们说到了小猫的样子，学习描述同一物品不同特征；听力训练部分以猜动物的主题进行训练，复习巩固动物名称、动物特征、身体部位等词汇及句型。 　　Lesson4是一篇寓言故事，愚公移山。 　　本单元三课内容相辅相成，逐步递进。Lesson1学习描述物品特征的形状颜色，引导学生帮助Sara完成日记，为后面两课的学习奠定了基础；Lesson2在Lesson1的基础上进一步描述相同颜色的物品区别特征，进而帮助Sara完成日记；在前两课学习的基础上，Lesson3进一步学习描述相同物品的不同特征，引导学生谈论最喜欢的动物并介绍它的外貌特征。
内容框架图	
单元学习目标	1. 通过观看视频、问题引领、体验等方式，充分理解本单元Listen and say中的三个会话内容并能正确朗读。 　　2. 通过情景创设等，能够听说读写关于询问和描述物品或动物话题的词汇及相关句型并能在具体的情境下，运用"What's it like？It's in the shape of.... What does he look like？He's...but ..."谈论、介绍并写出物品的特征。 　　3. 通过完成练习、思维导图等方式归纳总结颜色、形状、动物等同类词汇及复习总结一般过去时、现在进行时，简单的比较级，There be结构的用法等。 　　4. 在思维导图的构建和梳理过程中，学生提升了语言能力和思维能力。

单元学习目标	5. 通过阅读故事，训练阅读能力。 6. 通过本单元的学习，培养学生乐于助人的精神。 重点： 1. 充分理解本单元Listen and say中的三个会话内容并能正确朗读。 2. 运用"What does he look like？ He's...but ...."谈论、介绍并写出物品的特征。 难点：询问和描述物品和动物特征。
单元作业目标	1. 学生能在情境中理解对话、复述对话，提升语言表达能力。 2. 在巩固与操练中，理解并掌握关于询问和描述物品或动物话题的词汇及相关句型的表达方式。 3. 在真实情境中理解运用所学知识，能够表述描述物品或动物的特征。

第一课时作业设计
课题 Lesson 1
课时学习目标：在Sara和Yangyang在学校谈论Sara的水瓶的情境下，学生能够： 1. 通过视听、问题引领、体验等方式，能理解并正确朗读本课Listen and say中的对话。 2. 通过完成练习，运用思维导图归纳总结形状、颜色方面的词汇和相关的句型。 3. 通过创设情境，能用"It's...and in the shape of...."描述物品的特征。 4. 培养看见同学和他人有困难时能够主动帮忙的意识。 重点： 1. 能理解并正确朗读本课Listen and say中的对话。 2. 能用"It's...and in the shape of...."描述物品的特征。 难点：能用"It's...and in the shape of...."描述物品的特征。

作业内容	作业类型	作业目标	作业形式	作业难度	作业时间
作业1： 读每组单词，再写出两个同类别的单词。	巩固词汇的理解和记忆	读写	巩固型	易	3
作业2： 根据课文内容运用思维导图，梳理关于Sara's water bottle的信息。	结合语篇的理解，提高词汇运用能力	读写	巩固型	易	5
作业3： 你能根据图片内容，介绍以下物品的特征吗？	结合功能句型，进行运用	读看写	巩固型	易	3
作业4： 你能介绍你身边的一个小物品吗？	提高学生的写作能力	写	拓展型	中	5

作业1.（原创）读每组单词，在写出两个同类别的单词。

1. yellow red _____ _____   2. fish rabbit _____ _____

3. one two _____ _____   4. pen eraser _____ _____

作业2：（原创）根据课文内容运用思维导图，梳理关于Sara's water bottle的信息，并介绍关于Sara的水瓶的信息。

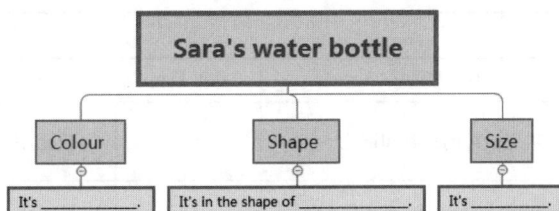

作业3：（原创）结合图片内容，介绍以下物品的特征。

1. What's it like ? It's in the shape of a _____.

2. What's it like ? It's in the shape of a _____.

3. What's it like ? _____.

作业4：仿写（原创）你能介绍你身边的一个小物品吗？

What's it ?   What colour is it ?   What shape is it ?

What's it like ?

作业评价：

	正误	书写	整洁
自评	☆☆☆	☆☆☆	☆☆☆
师评	☆☆☆	☆☆☆	☆☆☆

第二课时作业设计

课题 lesson 2

课时学习目标：

在 Sara 和 Maomao 在教室里谈论 Sara 的铅笔盒的情境下，学生能够：

1. 能理解、朗读本课 Listen and say 中的对话，学习 Maomao 助人为乐的精神。

2. 能听懂并能完成 Listen and match 中的听力练习，能用 "Whose pencil case is it ? It's Mike's." 进行问答。尝试归纳总结季节，运动以及提供帮助相关句型和词汇。

3. 能使用 worried、purple、desk、whose、wider 完成读写练习，熟读 Read and write 中的小短文。

4. 能看图，找出两幅图的不同并用比较级对图中物品进行描述。

作业内容	作业类型	作业目标	作业形式	作业难度	作业时间
作业1：根据课文回答问题	巩固语篇的理解和记忆	读写	巩固型	易	3
作业2：写同类词	巩固词汇的理解和记忆	读写	巩固型	易	2

作业3：根据情境补全对话	结合功能句型，进行运用。	读 写	巩固型	易	3

作业1：根据课文回答问题（原创）。

1. What is Sara looking for？ _____

2. What color is it？ _____

3. Who's pencil case is the same colour？ _____

4. Sara's pencil case is _____.（small/wider/bigger）

5. Sara is doing her _____homework.（Chinese / math / English）

作业2：写同类词（原创）。

1. pen pencil bag _____   2.art music math _____

3. teacher student vet _____   4.big fat old _____

5. football basketball ping-pong _____

作业3：根据课文内容选词填空，补全语篇。（原创）

What color is it？　　Why do you look so worried？
It's Mingming's.　　Can I borrow your pen？

Student A: Hello, _____

Student B: I'm looking for my pen. I'm doing homework.

Student A: Don't worry.

Let's look for it together._____

Student B:It's yellow.

Student A:look，There is something over there，whose is that？

Student B:_____

Student B: _____

Student A:Sure.

作业评价：			
	正误	书写	整洁
自评	☆ ☆ ☆	☆ ☆ ☆	☆ ☆ ☆
师评	☆ ☆ ☆	☆ ☆ ☆	☆ ☆ ☆

第一课时作业设计

课题 lesson 3

课时学习目标：

通过Baobao在花园里和保安谈论自己的小猫的情境下，学生能够：

1. 能理解、朗读本课Listen and say中的对话，能在恰当情境下理解Should I call the police？ 能用What does he look like？ 进行问答。

2. 能听懂并能完成Listen, guess and number中的听力练习，尝试归纳总结描述动物的句型和词汇。

3. 能使用little beautiful head only street police garden 完成读写练习，熟读Read and write中的小短文。

4. 能用There is / are ….描述图片。

作业内容	作业类型	作业目标	作业形式	作业难度	作业时间
作业1： 写同类词	巩固词汇的理解和记忆	读写	巩固型	易	3
作业2： 根据课文内容，补全Baobao's little kitten 信息。	结合功能句型，进行运用。	读写	巩固型	易	3
作业3： 看图描述以下动物的外貌特征。	结合功能句型，进行运用。	读写	巩固型	中	5

作业1：（原创）写同类词

1. policeman　nurse　farmer _____ 2.unlce　aunt　father _____

3. garden　zoo　bank _____ 4.eye　face　nose _____

5. car　bus　ship _____ 6. fish　rabbit　frog _____

作业2：（原创）根据课文内容，补全Baobao's little kitten 信息。

Baobao's _____

He has beatiful _____

He is all _____but _____on the top of his _____

作业3：（原创）看图描述以下动物的外貌特征。

1. What does it look like ?　It _____

2. What does it look like ?　It _____

3. What does it look like ?　It _____

作业评价：

	正误	书写	整洁
自评	☆☆☆	☆☆☆	☆☆☆
师评	☆☆☆	☆☆☆	☆☆☆

第一课时作业设计

课题 lesson 4

课时学习目标：

1. 能在真实的情境中恰当地运用本单元关于谈论物品和动物特征的日常交际用语。

2. 能够听懂、认读、书写本单元出现的身体部位类、颜色、学习用品、动物类词汇，并能在相应情景中运用。

3. 能在完成听、说、读、写的各项任务中，发展自己的综合语言技能。

作业内容	作业类型	作业目标	作业形式	作业难度	作业时间
作业1：梳理归纳所学过的颜色、动物、形状、学习用品、身体部位等相关词汇。	提高学生的归纳总结的能力。	写	综合型	中	10
作业2：选择单词或短语，将句子补充完整。	巩固词汇。短语的理解与记忆。	读写	巩固型	易	3
作业3：请大家根据故事内容，将图片与对应的表达匹配。	结合句意，提高图文理解匹配能力。	读写	巩固型	易	3
作业4：阅读短文，判断正误，正确的在括号内写"T"，错误的写"F"。	提高学生的阅读和分析能力。	读写	拓展型	易	4

作业 1：（原创）梳理归纳所学过的颜色、动物、形状、学习用品、身体部位等相关词汇。

Colour：_____

Animal:_____

Shape:_____

School things（学习用品）：

_____

Body（身体部位）:_____

作业 2：（原创）选择单词或短语，将句子补充完整。

in the shape of　　look for　　Whose　　on the street　　worry

1. My water bottle is red and _____ a teddy bear.
2. Don't _____, I can look for it together with you.
3. —_____ schoolbag is that ?　—It's Lily's.
4. —I can't find my cat. Would you please _____ him with me ?
　—Sure, let's go.
5. There are many cars and buses _____.

作业 3：（改编）请大家根据故事内容，将图片与对应的表达匹配。

（　　）	（　　）	（　　）

（　　）	（　　）	（　　）

1. The Wise Old Man laughed at the Foolish Old Man.
2. There were two big mountains. They were big and high.
3. The God of Mountains reported to the Heavenly God.
4. The Heavenly God was touched. So he ordered his sons to remove the mountains.
5. The Foolish Old Man said to his family to remove the mountains.
6. The Foolish Old Man and his sons started removing the mountains.

作业4：（原创）阅读短文，判断正误，正确的在括号内写"T"，错误的写"F"。

I have a cute dog. His name is Doudou.I love him very much. My dad gave me the dog as a birthday gift last summer vacation. He is all black but white on his feet. He has two big ears, a small nose and a big mouth. He likes eating bones best. He eats much every day, but he is not fat. I often play with him after school. We are good friends.

(   ) 1. Doudou is a birthday gift from my uncle.

(   ) 2. Doudou is all black but white on his head.

(   ) 3. Doudou is fat with two big ears.

(   ) 4. Doudou is a cute dog.

(   ) 5. I don't like Doudou, because he is naughty.

作业评价：

	正误	书写	整洁
自评	☆☆☆	☆☆☆	☆☆☆
师评	☆☆☆	☆☆☆	☆☆☆

作业实施过程：

每课时学习完毕后，下发课时学习任务单，给学生布置相应的作业任务，会注意分层布置。学有余力的学生可以全做，有困难的学生可以选做。

在学生做学习任务单的过程中，要提出具体的做题要求。例如：要认真读题，认真思考，认真书写。注意任务单的整洁。如出现错误，不要用涂改带，应用修改符号。

在学生完成任务单后，教师要及时批改。批改时要认真仔细，注意判题的方式。

教师要及时评价学生们的做题表现，发现好的做题方法要及时表扬，发现不足的地方也要及时和学生沟通交流。每完成一课时的任务单及时进行学生的自评和师评。

当学生改任务单时，也要注意把错误答案擦掉，保留正确答案。教师要及时进行复查。

作业改进反思：

本人设计的是关于六年级下册第一单元的作业设计，我在作业设计中考虑到了单元的学习主题，关注到了英语语篇、语言知识、语言技能，体现了英语学科的核心素养。基于单元整体目标的达成，在作业实施过程中，我感觉大部分学生都可以按照相关的要求完成，但是有一小部分学生还需要不断地提醒。在学生做任务单时，要及时关注学生们的反馈，合理修改和完善。要在不断实践和探索中让单元作业设计体现出其价值。

不足之处，在于我所设计的单元作业内容上还是偏重知识的基础性，应该更加全面地设计一些拓展和综合实践性的作业来培养学生们的综合拓展能力。

参考文献：

郭扬威：六年级英语单元作业设计参考了《房山区英语单元作业设计》

一、基本信息

基本信息					
学校	北京市房山区周口店中心小学	学科	科学	姓名	李春英
年级	四年级上册	教科书版本		教科版	
单元主题		运动和力——设计制作小汽车			

二、作业设计说明

（一）单元教学内容说明（内容框架、目标、课时分解等）

《运动和力》是教科版科学四年级上册的第三单元，本单元共有8课。第1课《让小车运动起来》，认识不同的动力类型的小车和理解力的作用；第2课《用气球驱动小车》，学习用气球喷气产生的反冲力作为动力驱动小车；第3课《用橡皮筋驱动小车》，学习用橡皮筋做动力驱动小车；第4课《弹簧测力计》，学习使用测力计；第5课《运动与摩擦力》，研究摩擦力的问题；第6课《运动的小车》，认识运动的物体具有能量；第7、第8课《设计制作小车》，学习如何设计、制作、改进小车。

通过本单元的学习，学生可以知道物体的静止和运动都需要力的作用。通过用气球驱动小车、橡皮筋驱动小车，认识力的概念、力在日常生产生活中的运用。

（二）学情分析

学生们从小就有各种玩具车，对车还算熟悉。但自己动手设计制作一辆小车，并给小车装上动力是从没有过的体验。橡皮筋、气球，都是学生玩过并很熟悉的物品，学生知道它们的一些用途，也知道橡皮筋拉伸后会恢复到原来状态，但不知道橡皮筋拉伸后让其恢复到原来状态的力叫作弹力，也不知道如何将橡皮筋作为动力驱动小车。

（三）作业目标

1. 运用简单的废旧材料制作小车，并且使小车运动起来。达到熟悉小车的结构、激发学生研究小车兴趣的目的，为完成本单元学习任务提供了技术支持。

2. 通过设计制作利用重物和绳子让静止的小车动起来，知道重力和拉力。

3. 通过设计制作用气球驱动小车，认识推力和反冲力的概念。

4. 通过设计制作用橡皮筋驱动小车，认识弹性和弹力的概念。

（四）作业类型

动手实践型作业、拓展型作业。

（五）作业如何使用（如何布置、预估时长）

本作业需要在第三单元学习前一周布置，学生收集废旧矿泉水瓶和瓶盖等简单常见材料，制作最简单的小车。随着教学的进程，逐渐给学生增加新任务，用绳子和重物、气球、橡皮筋等不同的方法驱动小车，辅助完成各课的学习任务。

学生要用一个月的时间完成这项综合、长周期的作业。有兴趣的同学还可以利用寒暑假继续研究小车制作，更可以增加其他动力驱动小车，如电力、风力、太阳能、人力等。可研究的空间很大。

三、详细作业设计

（一）单元课时课题

《运动和力》单元作业，用废旧材料制作小车，用重物和绳子、气球、橡皮筋驱动小车。

（二）课时作业目标和内容

1课《让小车运动起来》

目标：利用废旧塑料瓶和瓶盖、一次性筷子等材料制作一辆小车；熟悉小车的基本结构。利用重物和绳子让小车动起来，在课上利用制作的小车研究小车运动快慢与拉力大小的关系。

内容：

①学生准备制作小车的废旧材料。

②教师准备一些常用到的工具，在保证安全的前提下借给学生使用。学生也可以寻求家长的帮助。

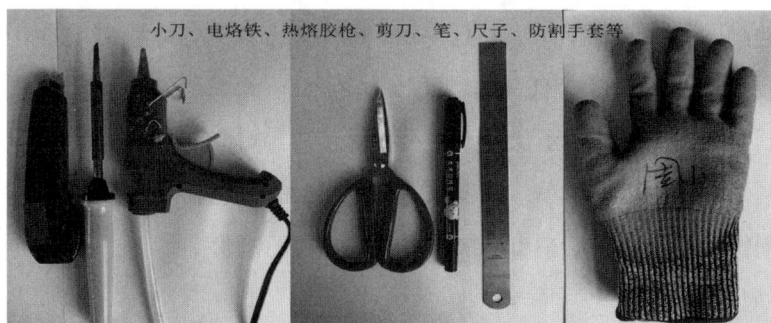

③学生利用课余时间完成制作，教师可以适当给一些技术支持。

2课《用气球驱动小车》

目标：利用吸管、气球驱动小车。研究小车运动快慢与反冲力大小的关系。

内容：

①教师给学生提供吸管和气球，学生制作气球动力，让小车运动起来。

②调试小车，让小车运动更快、直线行驶。

③组织小车速度赛和距离赛。

3课《用橡皮筋驱动小车》

目标：利用橡皮筋驱动小车。研究、解决小车打滑问题。做橡皮筋的缠绕圈数与小车行驶距离关系的实验。

内容：

①教师提供橡皮筋，学生设计制作，给小车安装橡皮筋作动力，例如下图，学生自己设计橡皮筋的固定位置，可以是前轴，也可以是后轴。

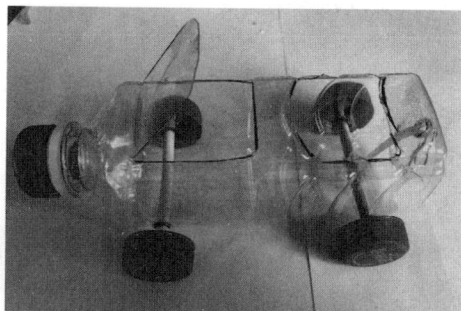

②如果小车出现打滑现象，进行原因分析，在实践中找到并使用增加车身重量、在后轮涂上热熔胶制作花纹、轮子里填充橡皮泥等方法，解决打滑问题。

③测试橡皮筋圈数与小车运动距离的关系，明白橡皮筋的弹力越大、作用时间越长，小车运动的距离越远。

7课《设计制作小车1》

目标：按照"明确问题→制订方案→实施方案→评估与改进"制作流程，利用身边可以利用的废旧材料再次设计、制作一辆小车，外观、动力不限。发挥自己的创造力，提高动手能力。

内容：

按照制作流程再次进行小车制作，例如下面的作品。利用我们身边可以找到的各种废旧材料。

8课《设计制作小车2》

目标：知道对制作出产品的评估需要有一定的标准，能按照标准评估自己和同学的作品。体会到测试和评估产品有利于不断改进产品，能根据需要不断地改进和完善自己的产品。

内容：

①按照评价标准对制作的小车进行评价打分。

②改进自己的作品。

③利用教室一角开办班级或者年级展览，展示学生的优秀作品。大家互相欣赏、借鉴经验和创意。

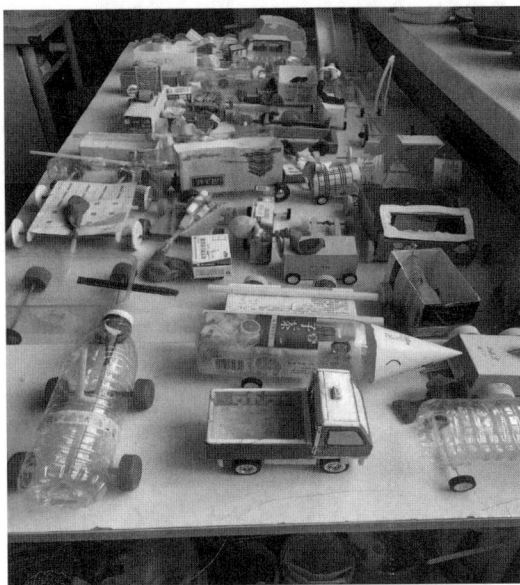

四、作业评价设计

1．学生作业评价设计

<table>
<tr><td colspan="4" align="center">小车制作评价量表</td></tr>
<tr><td>评价
项目</td><td align="center">及格</td><td align="center">良好</td><td align="center">优秀</td></tr>
<tr><td>小车设计</td><td>有设计图，方案不合理</td><td>设计方案较合理，设计图简单</td><td>方案合理，有严谨、详细的设计图</td></tr>
<tr><td>小车制作</td><td>制作粗糙，小车出现的问题不能解决</td><td>制作工艺一般，小车能够行驶，对于出现的问题能解决</td><td>制作精美，车架稳固、轮子转动灵活，发现问题能及时解决问题</td></tr>
<tr><td>小车功能</td><td>能完成作品，但不能行驶</td><td>能够行驶，但距离较短、行驶慢、载重能力差或不能按直线行驶</td><td>完全按照要求完成规定任务</td></tr>
<tr><td>对抗比赛</td><td>在组内距离或者速度比赛中失败</td><td>在组内距离或者速度比赛中胜过一场</td><td>在各组优胜者参加的班级距离或者速度比赛中胜过一场</td></tr>
<tr><td>选美大赛</td><td>简单的外观，但不太美观</td><td>外观装饰美观</td><td>外观精美，得到大家的认可</td></tr>
</table>

2．评价方式

分小组评价和班级评价。

学生分项目参加组内和班级两个层次的比赛，按照表现获得相对应的合格、良好、优秀等级的成绩。

作品自愿参加展览。

五、作业设计特色

1．本单元作业符合教育部"双减""政策。本单元作业是以打造高质量课堂效果，摒弃重复、呆板，力求少而精，不加重学生课业负担，体现动手动脑相结合，体现实践性与创造性，培养学生的综合科学素养为根本目标来设计的。

2．本单元作业历时一个月。本作业覆盖全单元大部分课的学习，是完成学习任务必不可少的工具，也是巩固所学，发挥创造力的载体。小车应用材料少，制作简单，又有科技含量，课课作业要求的内容不同，又是一个统一的整体。

3．充分利用学生身边最常见的废旧材料——矿泉水瓶等进行小车的设计制作。教师为学生提供部分材料，学生投入少不为难，容易达到全员参与目标，体现资源循环利用理念。

4．本作业有教师适当指导，但本质上是学生自主学习的过程，是学生继续自主建构，内化并提升巩固自我认知和提高解决问题能力的过程。作业主要在课下完成，使用碎片化时间，完成制作大工程，甚至可以延伸到长假期里。

一、基本信息

基本信息					
学校	北京市房山区周口店中心校	学科	科学	姓名	蔡春虎
年级	六年级	案例所属教科书版本		教育科学出版社	
案例所属单元主题		小学科学六年级下册第二单元第1课校园生物大搜索			

二、作业类型

实践性作业。

三、作业设计的理念和目标

【课标解读】

从搜索校园中的生物入手，通过让学生亲身实践，调查和记录校园中的植物和动物种类，并用分布图的形式来展现学生的调查成果，帮助学生初步建构对生物多样性的感性认识。

【教材分析】

校园生物大搜索作为六年级上册最后一个单元的起始课，重点是通过本课的学习，激发学生进一步探索生物与环境之间的联系。聚点：通过观察图片，认识常见的植物和动物，并准确说出它们的名称。探索方式：引导学生进行分区域调查研究模式以及如何更形象有趣记录和观察校园中的生物。活动目的：通过学生活动，学生可以认识到校园中有哪些植物，以及它们生活的地点和周围环境特点。交流展示：探索如何更加直观地把我们观察到的动植物进行展现。

【学情分析】

六年级的学生在之前已经初步认识各种常见的动植物以及生物与环境之间的联系，在日常生活中也会看到过一些校园常见动植物。对于生物生活的环境和生物种类的多样性没有特别关注。

【目标设计】

科学：我们周围生活的生物是多种多样的。

技术：会选用合适的工具（如放大镜、镊子、铲子等）对生物进行调查和记录。

数学：运用数学统计我们所调查到的各种动植物的数量，利用分布图来整理信息。

情感：感受校园生物的多样、美丽，体会用心观察是科学开始的第一抓手。

四、作业的内容、形式及设计意图

1. 作业的内容：完成校园生物大搜索的调查记录表，学会对调查到的生物进行初步的分类，并说明自己的分类依据。

2. 作业的形式

（1）第一阶段：学生利用在学校的课余时间对校园的各个区域内的生物进行调查，分小组进行，每组4人，每一个小组负责调查一个区域，完成调查记录表。

（2）第二阶段：每小组成员对自己观察到的结果进行交流讨论，整理我们的观察记录表，在课堂上进行汇报交流，并尝试对所调查的生物进行分类并说明理由。

（3）第三阶段：师生一起对调查成果进行思考总结，找出有待改进的地方并尝试进行改进，完善我们的调查记录表。

3．设计意图：通过让学生对自己熟悉的校园常见生物进行调查，感受校园生物的多样性，帮助学生初步建构对生物多样性的认识。同时对调查结果进行及时的记录、整理、改进和汇报，发展学生运用分类的方法来研究繁杂事物的意识。

五、作业的评价和效果

1．作业的评价方式：

（1）小组长对本组成员的调查结果进行评价。

（2）全班各小组之间进行交叉评价。

（3）把各个小组的作品匿名发到家长群里，让家长对孩子们的作品进行评价。

（4）教师依据课标要求，从内容的相关性、调查到生物的种类、调查记录的形式、调查范围的全面性、学生对结果的认同程度以及记录表的美观性等多个角度对各组作品进行综合性的全面评价。

2．评价标准：

（1）是否符合课本内容的要求。

（2）各组调查到的校园生物种类的多少。

（3）记录表形式的新颖性、多样性、趣味性等。

（4）绘制的记录表的美观性。

3．作业效果：

本次作业主要以学生自主探究为主，目的是培养学生的动手能力，探究意识，思考问题、解决问题、分析问题的能力。作业在一周的时间内完成，完成率达到100%，其中基本符合要求的作业为80%，优秀作业达到20%。大多数学生在探究过程中体验到接触大自然的乐趣，完成调查时获得一种满足感与自豪感，激发学生对生物多样性进一步探究的兴趣。通过让学生对身边熟悉的校园生物进行调查，很好地培养学生的自我探究意识，让学生初步形成科学家的探究模式，学会关注日常生活中的各种事物。

学生作品：

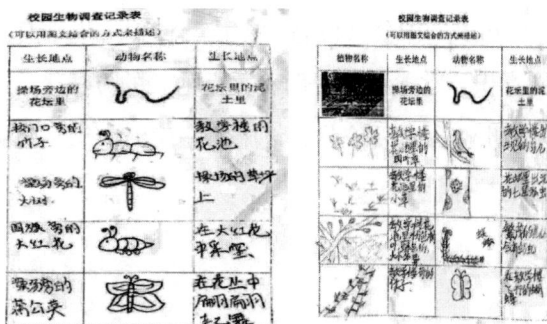

一、基本信息

基本信息						
学校	北京市房山区周口店小学	学科	道德与法治	姓名		王平
年级	三	教科书版本		人教版		
单元主题		第三单元 我们的公共生活				

二、作业设计说明

（一）单元教学内容说明：

"我们的公共生活"是三年级下册第三单元教学内容。本单元有三课，共6个课时，即第八课《我们的公共生活》（2课时），第九课《生活离不开规则》（2课时），第十课《爱心的传递者》（2课时）。

正确的公共生活观念、良好的公共行为方式以及关爱、同情的社会情感是作为公民应具备的基本公共道德。通过本单元的学习，让孩子们学会正确使用和爱护公共设施，了解生活中规则的重要性以及掌握恰当的方法帮助和关心他人，提升自己的公共生活素养。

（二）学情分析：

从学生初步、零散的公共生活经验来看，学生的公共意识、规则意识还相对薄弱，也缺乏对公共设施价值的认识，无法将爱护公共设施的行为落实到具体的生活中，学生有意、无意破坏公共设施的行为并不少见。在遵守规则上，学生的认识还有许多模糊之处，遵守规则的意识也不坚定，尤其体现在具体的、复杂的生活情境中。如许多人不遵守规则以及无人监督时到底要不要遵守规则，这些问题都有待学生进一步学习，厘清现实生活中遇到的关于遵守规则的问题。此外，关爱、同情的社会情感应该是学生公共生活必备的情感。但是在关爱内涵、关爱方式上还需要对学生进行深入的教育。在现实生活中，学生会以为只有在某种特殊时刻或突发重大事件情况下才需要献爱心，认识不到关爱就在平常生活中、就在他人需要时，更多的是自己能够为他人做力所能及的事情。此外，还需要进一步引导学生认识关爱方式：不从他人需要的角度给予关爱，不是真正的关爱；不尊重别人人格的关爱方式，也不是真正的关爱。

（三）单元作业目标：

1.通过完成巩固型作业，知道公共设施给人们生活带来的便利，懂得正确使用和爱护公共设施；知道生活中处处有规则以及规则的作用；在生活中有帮助、关心他人的意识。

2.通过完成拓展型作业，知道爱护公共设施的方法，懂得人人都有爱护公共设施的责任；知道遵守规则的重要性，树立规则意识；掌握正确帮助、关心他人的方法。

3.通过完成综合型作业，能够自觉爱护公共设施；在生活中做到自觉遵守规则；积极用正确的方法关爱他人，体会帮助他人的快乐。

（四）作业类型、作业如何使用

1．巩固性作业：

（1）课前调查，一是了解学生生活经验储备和基础原认知情况，二是初步引起学生对即将学习内容的关注和兴趣。

（2）巩固练习题，通过选择、判断、情景分析等习题进一步巩固学生对本单元学习内容的理解和掌握程度。此项作业主要在课中、课后完成。

2．拓展性作业：包括设计新型公共设施、保护公共设施宣传标语、说说心里话（公共设施朋友，我想对你说）等，主要在课中和课后完成。

3．综合性作业：包括保护公共设施的宣传海报等，主要在课后完成。

三、详细作业设计

（一）第八课《大家的朋友》第一课时：

1．作业目标：

①通过课前调查，利用学生已有生活经验，引起其对"公共设施"的关注和兴趣，让学生初步了解公共设施的损坏情况。

②通过"新型公共设施设计大赛"，培养学生用心观察生活、善于思考和创新意识。

③通过习题练习，提高学生法律意识，让学生能够合理使用公共设施，并进一步了解公共设施的作用。

2．作业内容：

①课前调查：

第三单元　第一课《大家的朋友》课前调查

姓名＿＿＿＿＿＿　　　　班级＿＿＿＿＿＿

一、课前小调查：

亲爱的同学们，每当你和家人走进公共场所时，你都看到过或使用过哪些供大家使用的设备或设施呢？（公共场所包括：街道、小区、公路上、街心公园、休闲小广场、超市、运动场、银行、猿人遗址公园……）

周日，利用休息时间，和家人一起走进附近的公共场所，找一找这些公共设施，然后将名称填在下面的表格中吧！

我走进的 公共场所名称	我看到的公共设施	是否被毁坏 （写出被毁坏的设施的名称）

二、想一想，这些公共设施各有什么用处呢？

三、回忆自己的经历，也可以采访家人，说一说你们与公共设施之间曾经发生过哪些小故事。（选做）

---

② "新型公共设施设计大赛"：课后长作业，需要一周左右完成。

"新型公共设施设计大赛"

学校＿＿＿＿＿＿＿　　班级＿＿＿＿＿＿＿　　姓名＿＿＿＿＿＿＿

一、设计要求：
1. 想一想，你在生活中遇到过哪些不方便需要一款公共设施帮忙解决困难。
2. 对现有的公共设施进行改进，或者设计一种新型的公共设施，让它为大家服务更方便！
请大家展开想象的翅膀，开始设计吧！

二、新型公共设施名称：

三、用途：

四、设计图：

---

③课后巩固

（一）选择题
小云和爸爸散步时，小云不幸掉进了没有井盖的窨（yìn）井里，给她造成了严重的伤害。盗取井盖的行为是（　　　　）。
A.违背道德　　　　B.违反法律　　　　C.既违背道德又违反法律
（二）判断题。
1. 王红一家经常把楼道占为己用，堆放杂物。（　　　）
2. 政府加强公共设施建设是为了保障我们每个人更好的生活。（　　　）

（二）第八课《大家的朋友》第二课时：

1. 作业目标：

①通过角色互换，体会受伤害的公共设施的委屈和诉求，培养学生同理心，激发学生爱护公共设施的愿望和意识。

②通过设计保护公共设施的标语、警示语、公共设施的诉求语言等内容，进一步巩固学生爱护、保护公共设施的意识。

2. 作业内容：

①"我"想对你说。（课中作业：学习过程中，学生了解被毁坏的公共设施给人们带来的诸多不便或巨大伤害后，再换位思考，假如自己是这个被毁坏的公共设施，心中有什么委屈，又想对大家说些什么呢）

"我"想对你说

亲爱的朋友：
　　大家好！
　　我是你们的公共设施朋友（　　　）。曾经，我给大家提供过很多的服务和帮助，我可开心了，大家也都非常喜欢我！
　　可是，现在我受伤了，伤得很重，我想跟大家说＿＿＿＿＿＿＿＿＿＿＿＿＿＿＿＿＿＿＿＿＿

＿＿

＿＿＿。

---

②课中、课后实践。（作业时长：一周）

公共设施是我们的"好朋友"，为生活提供了便利。但在生活中总会有人不正确使用或是破坏它们，请你联系自己的生活，为经常被破坏的公共设施设计一些标语、警示语、公共设施的诉求语言等内容，或是设计一张宣传海报，提示人们正确使用公共设施。（二选一）

一、公共设施标语或警示语或"我"的诉求：

二、保护公共设施宣传海报：

（三）第九课《生活离不开规则》第一课时：

1. 作业目标：

①通过课前调查，利用学生已有生活经验，引起其对"社会规则"的关注和认识。

②通过习题练习，进一步理解生活中处处有规则，提高学生规则意识。

2．作业内容：

①课前调查：找一找校园和社会生活中的规则，并想一想，为什么要设置这些规则呢？

寻找规则的地点	找到的规则
学校内	
学校外 （公路、公园里、景区、动物园、游乐园……）	

②课后巩固：

一、看一看，连一连，填一填。

 　　　　下楼梯不守规则很危险

 　　　　不遵守交通规则容易出事故

 　　　　接受工作人员的检票

 　　　　每天按时上学，不迟到

无论在学校，还是在社会，我们都要＿＿＿＿＿＿＿。

二、选择题

不同场合、领域都有规则约束和规范人们的行为，这是因为（　　　）。

A．有规则就会没有自由

B．遵守规则是社会正常运转的前提

C．法律要求必须有规则

（四）第九课《生活离不开规则》第二课时：

1．作业目标：

①在情境中，理解遵守规则的重要性，培养自觉遵守规则的意识。

②通过巩固练习，进一步强化生活中的规则意识。

2．作业内容：

一、课堂作业：（课上完成）

如果你在一个有信号灯和斑马线的十字路口过马路，绿色信号灯还没亮，马路上一辆车也没有，你是选择立即过马路，还是选择等一等？为什么？

我的做法：

我的理由：

二、课后巩固练习。

（一）判断对错，并想想为什么。

1．游戏中不应该讲规则，那样会伤了和气，不利于团结。　　　　　　　　　（　　　）

2．"没有规矩，不能成方圆"说的是我们做事的时候要讲规则。　　　　　　（　　　）

3．公共场所是不受任何限制的场所。　　　　　　　　　　　　　　　　　（　　　）

4．在电影院里大声喧哗是不遵守规则的表现。　　　　　　　　　　　　　（　　　）

（二）下面短文里的同学进到阅览室的行为，你觉得对吗？你会怎么做？为什么？

下午第六节课，老师安排大家去阅览室看书，同学们都非常高兴。阅览室的书真多啊！大家在阅览室内跑来跑去，选好自己喜欢的书就津津有味地读起来，读到精彩的地方时忍不住哈哈大笑。虽然下课的铃声已经响了，同学们还是不想走，有的同学甚至偷偷地把书带回教室读。

我会这么做：＿＿＿＿＿＿＿＿＿＿＿＿＿＿＿＿＿＿＿＿＿＿＿＿＿＿＿＿＿

＿＿＿＿＿＿＿＿＿＿＿＿＿＿＿＿＿＿＿＿＿＿＿＿＿＿＿＿＿＿＿＿＿＿＿＿

＿＿＿＿＿＿＿＿＿＿＿＿＿＿＿＿＿＿＿＿＿＿＿＿＿＿＿＿＿＿＿＿＿＿＿＿

因为：＿＿＿＿＿＿＿＿＿＿＿＿＿＿＿＿＿＿＿＿＿＿＿＿＿＿＿＿＿＿＿＿＿

＿＿＿＿＿＿＿＿＿＿＿＿＿＿＿＿＿＿＿＿＿＿＿＿＿＿＿＿＿＿＿＿＿＿＿＿

＿＿＿＿＿＿＿＿＿＿＿＿＿＿＿＿＿＿＿＿＿＿＿＿＿＿＿＿＿＿＿＿＿＿＿＿

（五）第十课《爱心的传递者》第一课时：

1．作业目标：

①通过课前调查，调动学生已有的"帮助他人"或"被别人帮助"的生活经验，激起其对"人人都有爱心"的初步认识。

②在情境中，感受关爱别人能给人带来温暖，激发学生"关爱别人"的意识。

2. 作业内容：

①课前调查

课前调查：
在你的生活中，有没有帮助他人或被帮助的经历呢？是怎样帮助的？当时心情怎么样？
你愿意用什么方式来告诉大家呢？比如讲一讲、画一画、写一写等，都可以哦！

②课后巩固：

1. 连一连，感受温暖的瞬间。

小红在公园的长椅上捡到到一个包，她在等失主。

小朋友们玩雪时，丁丁摔倒了，大家赶快去扶他。

家里来了小客人，我们一起分享玩具。

2．从上面任选一幅图，想一想，你想成为图中的哪个人，为什么？

我最想成为第（　　　）幅图中的（　　　　　　　　）。

因为_____

_____。

（五）第十课《爱心的传递者》第二课时：

1．作业目标：

①通过巩固练习，强化关爱别人要有方法的意识。

②在情境中，继续体会关爱别人要有方法。

2．作业内容：

一、选择：

1. 冬天路滑，楼下的李奶奶不小心在小区里摔倒了，你放学正好路过，目睹了这一幕。下列做法正确的是（　　　）

A.从另一条小路绕过去，就当作没有看见。

B.明知道自己的力量小，不能扶起李奶奶也一定要拉她起来。

C.赶紧跑过去，安慰李奶奶别着急，请路人帮忙扶起李奶奶或跑回家叫大人来帮忙。

2. 下雨了，小明没有带雨伞，你应该怎么做？（　　　）

A.把雨伞借给小明，自己冒雨跑回家。

B.如果自己家近，可以先和小明一起回自己家，再请家长把小明送回家或把雨伞借给小明。

C.无论小明家多远，都先把小明送回家，自己再回家。

二、你认为我们应该怎么做？

新闻曾报道：有一位卖拉面的叔叔，他为了农民工能吃上美味的拉面，数十年来一碗面只卖3元钱。他的事迹一经报道，很多人都以献爱心的名义去买他的拉面，这导致他的面摊前人满为患，这位叔叔累得不敢出摊。

_____

_____

_____。

四、作业评价设计

（一）语言评价：及时反馈学生作业情况，重点表扬认真完成作业的学生，并对这些作业的优点讲述清楚，既对认真完成作业的学生进行了表扬，也让其他未完成作业或质量欠佳的学生明白，好的作业什么样。营造良好环境，激发更多学生完成作业的愿望。

（二）优秀作业展示：对于极其突出的作业，书写工整、有独特见解的作业，用展板、投影、传递看等方式展示，让学生看到优秀作品的样式，从而学习有章可循。

（三）每月评选一次认真完成作业的小组，激励学生按时完成作业，培养学生按时完成作业的好习惯。

1．作业评价表：

组别	评价内容			合计
	上交齐全	书写工整	有独特见解	
一组				
二组				
三组				
四组				
五组				
六组				

2．使用方式：

（1）每次作业上交后，两个组的组长互评完成"上交齐全""书写工整"的评价，若符合标准，奖励一颗小贴画。

（2）老师根据作业情况评价"有独特见解"这一项。每次作业若符合这个标准奖励一张小贴画。

（3）每四周汇总一次，得小贴画多的小组为优胜组，奖励一张喜报和小奖品。

（四）随机评价：对于学习内容落实好的行为、好的习惯及时记录，并在恰当时机给予表扬，激励学生更好地落实学科素养。

五、作业设计特色

1．单元作业设计立足课程视角，聚焦大单元、大问题选择和设计作业内容。除了巩固知识与技能外，还特别关注学习习惯、方法、能力及实践创新、综合解决问题能力、道德品质等方面的发展性目标，确保正确的价值观，体现全面发展的育人理念。

2．本单元作业符合教育部"双减"政策，以打造高质量课堂效果，摈弃重复、呆板，力求少而精，不加重学生课业负担，体现实践性、综合性、创造性，以培养学生"社会责任"这个学科素养为根本目标。

3．作业内容既能体现课堂教学的延伸，又能贴合学生实际生活，在单元体系中发挥着印证并服务于教学各环节的作用。作业难易程度适宜，作业量适宜，具有一定的启发性、趣味性。

参考文献：

王平：道法作业设计，参考了《房山区道法单元作业设计》《淘知学堂PPT》。

后记

  党的十九大报告提出实施乡村振兴战略以来，房山区实施了南沟乡村教育可持续发展项目，这给北京市房山区周口店中心校带来了难得的发展机遇。几年来，在各级领导的关怀下，在项目组专家的引领下，北京市房山区周口店中心校全体干部教师凝聚共识、真想真干，实现了学校的快速发展。本书记述了北京市房山区周口店中心校基于课堂教学改进的实践探索，体现了一所农村中心校在党的关怀下的发展变化。在这里，对几年来支持引领学校发展的各位领导、专家表示由衷的感谢！

  本书在编写过程中，参考了一些书籍和文献，不一一列出，在此向各位作者致谢。

  对课堂的研究、实践是一个不断前进的过程。后续，我们会继续以学生的全面发展为目标，继续探索、追求让孩子们绽放光彩的课堂，朝着让每一位同学都灿烂起来的目标前进。

武新颖

2022年4月